三乘共修，攝持一乘

六妙門修證全書

融會「禪、密、淨」，精妙圓通、變化無窮

宋智明◎著

「法」是真理，「法」是智慧，「法」是光明，
「法」是方便，「法」是功德；
「法」是多麼珍貴而希有！

【目次】

自序

所有的佛都因爲「法」——達摩耶，而成爲功德圓滿的佛；所有成佛的佛都以說「法」作爲度化衆生使之成佛的事業；所有菩薩也都以光大法門作爲報佛恩的唯一途徑；而所有的衆生祇有通過對法的領悟、對法的信心、對法的修正，方能真正斷除煩惱，享有法樂，開顯功德，成就佛道！

「法」是真理，「法」是智慧，「法」是光明，「法」是方便，「法」是功德；「法」是多麼珍貴而希有！

我們信受於如來的「教法」，我們解悟於如來的「理法」，我們還應再進而一心行持於如來的「行法」，從而到達如來所達之地的「證法」。

成佛的「法」有八萬四千，佛教的宗派有三乘十宗，我們祇可就路還家，走自己適合的一條路，通過自己的行門，而到達自心的妙域。

六妙法門是世尊釋迦牟尼佛成道時應用的法，是三乘共修，攝持一乘的法，是天臺智者大師特別重視而又融會禪、密、淨等一切行法的法；是精妙圓通，變化無窮的法。

在六妙法門裏，以「數息」爲下手工夫，以「隨息」爲深入方便，以「止」爲入定之門，以「觀」爲慧照之機，以「還」爲歸源之本，以「淨」爲證道之用；六六三十六，法中有法，行歸無行，離著妙德，融入所有的行持過程中。

希望這本《六妙門修證全書》的文字之法，通過你的努力修持，真正成爲你自心的功德智慧，伴隨一生的歷程，圓成生命的妙明！

一九九八年五月十日，宋智明作於溫州詳山香風谷淨明精舍

第一章　六妙門修法

六妙門屬於天臺宗圓教的不定止觀，不同根性的人在修法時可獲得不同的果證。本通於世出世法，但據圓人修法無法不圓之意，故謹就向上圓門論此止觀。

「六」即數、隨、止、觀、還、淨的六法，「妙」是涅槃的果證，「門」爲能通；以此六法能通涅槃，故稱爲六妙門。智者大師在《六妙門》一書中，立有十章妙門之法，可賅攝一切禪法，是非常完備的法門。茲總結數位恩師的教授，且參照《六妙門》一書的內容，以一門賅攝諸門的善巧方法，設立步步深入的圓修次第。謹藉此以報師恩，以饗同好，並請諸位宗門大德慈悲法正。

第一節　初善的修法

一、修前的準備

㈠、休息：打坐前先要注意身心的休息，不能疲勞後入坐，否則身、息、心三者均會因不調合而出現偏移正位與不適感，無法進入輕安。因此，睡眠要足，坐前不幹重活，不過度用腦，飲食不饑不飽，呼吸要緩和，心裏應無負擔，坐前還需排泄。這樣身心輕鬆地去打坐，就容易與道相應，很快能獲得禪悅的受用，就如同科學家進入實驗室一般；如果身心疲憊，就難以獲得成功。

㈡、環境：選一清淨的環境，最好在房內。如房間內人多，可選屋外的樹林裏或空地上，但不要坐在有人來往的路旁，以免受各種干擾。坐處的空氣應通暢而不當風，光線宜適度而不耀眼，不燃點有刺激性的香；不可坐在密紋帳裏或屋頂低矮之處，這會因沈悶感壓迫呼吸而使心情煩悶，不利於入靜。初修者如選擇一個空氣清新、環境幽靜的地方打坐，就容易進入禪定境界，容易對打坐修道產生濃厚興趣，有利於長期堅持。反之，如有環境的干擾，則易產生不良的身心反應，就會厭煩與苦悶；如勉强坐下去，可能會出現各類偏差，不僅會因此而退失修道之心，且於身心健康也很不利。所以，要十分注意環境的選擇，這就如一個完善的實驗環境對科學家順利實驗極有幫助一樣。

㈢、時間：初修者每天打坐的次數要多些，一般二至四次，打坐的時間須短些，一小時左右爲佳。用功時間一般取早晨三至五點爲最佳，因陽氣剛升，精力充沛，頭腦清明，有利於趣入禪境。臨睡前應小坐一次，不管時間長短，養成習慣，對工夫的連續與睡眠的安寧均有好處。在初級具體的修法中，打坐時間可分爲三種：第一階段，三十至六十分鐘；第二階段，一至一個半小時；第三階段，一個半至二小時。這三種時間的安排，是一般初修的情況。如果修行已有基礎或進步較快，可不受此限制。尤其是已有定力者，可以自己把握時間，運用自如，不再受時間的影響與支配。如果比較清閒，還可以在上午九至十點與下午三至四點再加修一、二座。

㈣、坐具：坐在牀上或方凳、蒲團上均可。坐墊須鬆軟舒適，後座應墊高一至二寸，保持安穩。冬寒季節應特別注意保暖，兩腿應用棉被包嚴，以防膝蓋受風寒。

㈤、思想認識：打坐前應思惟自己今日打坐修法究竟是爲了何事？是爲開發智慧，成就佛道，還是爲名利私欲，貪圖禪味或求神通奇蹟？如果摻雜氣功意識、外道邪見或不正確的知見，一概不能進入正修。應先明確方向，樹立正知正見。當經過一番反省，真正具備了是爲了生死大事，成就自他的大志願而一心精進求道，方可進入正修。如或未然，應先通過學習，觀察事理，辨別真僞，取捨得當，除去各種執見，圓解佛法真義，然後以此正確的思想認識去打坐修法，就可免去許多障礙。不致誤入魔窟，偏離正道。

做了以上五點準備，已經具備了修法的基礎，接著就可進入初善的修法。

二、初善的修法

㈠、審氣：坐處等準備完畢後，先繞幾周，腳步要輕慢，呼吸要緩和。然後立定思惟：我應到那裏去打坐，距此約有多少步。思畢，緩緩行小步，此時更宜注意呼吸，不使麤急。許多人因在打坐之前不注意呼吸，或匆忙散亂，或高聲説話，開玩笑等，致使心麤氣浮，打坐時心息便無法相依，很難入靜。因此，在這時要凝神貫注，不生麤亂。當走到座位前時，應慢慢安放身體，輕輕坐於座上。此時「住氣」漸漸轉換「行氣」，入坐時便氣安神定，自然能獲得輕安。

㈡、趺坐：在座位上解衣緩帶，然後結跏趺坐。初學單跏趺（單盤），久後應以雙跏趺（雙盤）爲佳；用薄棉被或毯子包好兩腿及膝蓋，務令一切用具調適安穩。

㈢、調身：調身的動作有好幾種，這裏介紹二種。初學者先用第一種，工夫有進步了再用第二種。

第一步是七支調身法。用此法調身時，動作一定要緩慢，用意不用力，眼睛微開，呼吸自然，也可想像自身在虛空之中。

第一支：頭向下低，再擡起向後仰。

第二支：頭向右傾轉，再反過來往左傾。

第三支：頭向右後轉，再反過來向左後轉。

第四支：頭順著時針方向，前右仰左輕輕旋轉；再反過來向逆時針方向，前左抑右輕輕旋轉。

以上各式，頭部活動而身體不動，肌肉與神經應放鬆，要自然。

第五支：身體以腰爲中軸，先向順時針方向，前右仰左慢慢旋轉；再反過來逆時針方向，前左仰右慢慢旋轉。

第六支：以脊柱爲中軸，身體向右後轉，再向左後轉，兩肩擺動幅度應大些。

第七支：身體向前方往下傾，再提起往後仰。傾前應低些，後仰幅度應小些。以上每個動作各做三至七次；如果覺得身體已輕鬆，做一次也可。

第二種調身法祇須做深呼吸。吸氣時，全身上聳，把全身舒展開來；呼氣時，全身鬆下，覺得失去重量一般。如此做幾口氣即可調至安適。

調身完畢後，將身體向前一靠，然後豎直背脊，並要鬆靜自然地維持住，不可用力挺起，但也不使它彎下去，要恰到好處平直而住。腰要鬆，腹要沈，胸須略向內含，兩肩自然鬆下來，頷輕壓喉結，舌頭輕抵上齶，兩耳垂肩成一條線，鼻對臍輪，頭要自然地安住，不可有後仰前俯及用力支撐感。身位調正後，以左手置於右掌上，兩大拇指輕輕相觸，放在臍輪之下二寸處，貼近小腹，形成橢圓的形狀，此即法界定印，有助道的功能，易入禪定。然後，放鬆兩臂，使稍離身體，此時應縱任身體，鬆散四肢，佈置骨節，不倚不曲地正直端坐。如覺得有不適不鬆之處，應微微運動，調令輕利。

㈣、調息：先稍稍開齒，微舉舌頭，輕輕吐出胸中濁氣。吐時覺得氣從全身呼出，意想百脈不通處隨呼氣而通順無滯。氣出盡後，閉口合齒用鼻吸清氣，覺一股清氣從鼻一直吸入臍輪，然後稍停，再將氣照前法呼出。如此做一至三次。

調息畢，細細閉目，勿使眼瞼太緊張，應朦朧見座前二、三尺處的微光。如果見光覺得疲勞或頭重不適，則可輕閉雙眼斷其光感。

調息後如果出現息中有聲，結滯不順，呼吸不細、長等三不調相，應繼續用以下方法調攝，直到出現正常的息相為止。

一是忘掉呼吸，意守臍輪或腳底湧泉穴。意守時不可著意太重，應似守非守，若有若無。注意不可有氣的意想，否則會執著成偏。因係心下部，浮氣即能下降，上部變得虛輕，息道就能恢復正常。此法也可作為專修，如久久功純，心念停住，即入「凝心止」；如進一步，身心泯然，任運自寂，即是「入定止」。因此專修此法也可以達到入定目的。

二是用意寬放身體，一次乃至百千次，漸漸覺得身心輕快，息道自然便能恢復正常。

三是意想呼吸遍從全身毛孔出入，完全無障，如是百千次，直到呼吸輕細為止。

四是觀想自身坐在蓮花上，鮮潔莊嚴，蓮花處在無際的澄清大海之中；此時海天一色，在冥冥之中感到輕安無比，逐漸化爲高大之身；也可同時觀大海上無數修行者在蓮花上安禪入定。

此法也可做爲專修，到了泯然之際，則一切消亡，惟覺一片空明，則入定開慧，成就妙用。

上述四種方法應選用一種用以調息。如果有效，應繼續深入，無效則改用另一種，不可四種同時用。經過調息後，息道出入綿綿，若存若亡，深長細勻，資神安穩，情抱悅豫，即成就了數息修法的正確息相。當息相出現後，不應再修調息及起分別之心，應無心應之，否則又會重新出現不調息相。

如果未能調至息相，應一直調下去，無論多少座，直到息相出現，然後再進修以下各法。不然的話，因息道不調的干擾，不僅不可能進入靜境，反而會產生妨礙，影響進步。

㈤、調心：調心法以趨入正念與不昏、不沈爲根本，根據初心的需要，分爲以下四種程序。

一是默念三皈依。「自皈依佛，當願衆生體解大道，發無上心」（思惟：佛果菩提究竟功德與凡夫因地性具功德不一不異；體解大道在於覺悟，覺察、不於心外求道）。「自皈依法，當願衆生深入經藏，智慧如海」（思惟：無量法藏一切真理；乃是引導衆生入佛的方便，不能死在句下，被文字縛；若能攬教照心，深明心法不一不異，則能善用心法開發本有智慧）。「自皈依僧，當願衆生統理大衆，一切無礙」（思惟：一切僧衆乃我良師益友，當和合依止，無喜無瞋，無憎無愛，平等一如，共同辦道；心清淨故一切清淨，一切若僧若俗，均作聖人想，不起是非分別，心中廓然無礙）。

二是默念發願文。

願我速得成就文殊菩薩之大智。

願我速得成就地藏菩薩之大願。

願我速得成就觀音菩薩之大悲。

願我速得成就普賢菩薩之大行。

願我遠離二執，速滅三障，得定開慧，具足方便，利樂有情，早日證得無上正等正覺。

發願文也可根據自己的願望編選。

三是觀想。觀想自身坐在蓮花上，蓮池寬廣，虛空無盡。自覺此時身心輕安，歡喜內充。片刻後，反觀四大漸漸分離，散向虛空，不見內外，不覺能所。如此觀想後，身覺虛微，心念無繫，即可進入修法的佳境。

四是通過以上三法的調心後，應放下一切，無取無捨，然後默默諦觀此刻的心念，如覺仍有妄念浮動，散亂過多，則應似守非守地把心意放在臍下；如覺昏沈過重，精神不振，則應微用意觀在鼻端，並略開眼見光；也可用放下與提起之法來調治。如沒有過重的散昏，則不再去理它，而轉入正修中去。

第二節　中善的修法

中善是修法中最重要的部分，這裏因以坐中爲主，故先圍繞數、隨二門作爲入手工夫，其中亦貫攝止觀等意。至於其餘四門，另在後文中述之。

一、數息法

當氣息已調至深長細勻後，息相綿綿虛微，此時心念便隨呼吸出入，不可太著意，須若有若無地無心觀察，入內至於臍下，出外則至虛空。心念隨著一出一入，開始安詳地徐數，從一至十，不使間斷，要一句接著一句地數下去，心攝在數的內音上，不令馳散，同時要注意控制內音的響度，不可太響而亂心，也不可太輕而失照，要根據昏散與心的明暗情況調至恰到好處，使安靜清晰為佳，此為入靜關鍵。若數至中間妄念干擾，忘記所數的數字，則應從一開始再數，不能尋找自己剛忘的數字。體虛者可單數入息，可補元神；體實者單數出息，可泄實火；不可出入都數，否則緊迫成病。

數息時，除了略覺有呼吸及數字音響外，沒有我能數的思想，沒有呼吸被我所數的念頭，沒有用功想，沒有功德想，一切均無想。因此，此刻沒有我、世界及身心的一切，衹是隨著呼吸的自然慣性，不斷地數著從一至十，反覆如斯，則漸入忘身忘心的佳境。

假如從一至十的順數法用久了，因太熟而與妄心相雜，此時應反過來用逆數法，即從十至一，或內數至三，外退為一等方法調轉，以增加覺察心。

如果數至中途出現各種干擾，氣息重新出現不調，應立即放棄數息，用第一節中的調息法調勻後，方可再數，否則會因氣悶不適，久久成病。數息法的功能可以歸納為以下幾點：

㈠、**能證聖道**：《六妙門》說：「一者依數為妙門。行者因數息故，即能出生四禪、四無量心、四無色定，若於最後非非想定，能覺知非是涅槃，是人必定得三乘道。」（《六妙門》第二頁）

㈡、**能治報障**：《六妙門．對治門》說：

云何坐中知報障起相？云何對治等？分別覺觀心散動攀緣諸境無暫停住故，名報障起；浮動明利，攀緣諸境，心散縱橫，如猿猴得樹，難可制錄。爾時，行者應用數門，調心數息，當知即是真對治也。佛言：「覺觀多者，教令數息。」

㈢、**自體相攝**：《六妙門．相攝門》說：

如行者善調心數息之時，即體是數門，心依隨息而數故，即攝隨門。息諸攀緣，制心在數故，即攝止門。分別知心數法及息，了了分明故，即攝觀門。若心動散，攀緣五欲，悉是虛誑，心不受著，緣心還歸數息故，即攝還門。攝數息時，無有五蓋（貪、瞋、睡眠、掉悔、疑）及諸麤煩惱垢，身心寂寞，即攝淨門。

㈣、勝進相攝：《六妙門．相攝門》說：

行者於初，調心數息，從一至十，心不分散，是名數門。當數息時，靜心善巧；即知息初入，中間經遊至處，乃至入已還出，亦如是，心悉覺知，依隨不亂，亦成就數法從一至十，是則數中成就隨門。復次，行者當數息時，細心善巧，制心緣數法及息，不令細微覺觀得起，剎那異念分別不生，是則於數中成就止門。復次，行者當數息時，成就息念巧慧方便，用靜鑑之心，照息生滅，兼知身分剎那思想，陰、入、界法，如雲如影，空無自性，不得人法，是時於數息中成就息念巧慧觀門。復次，行者當數息時，非但成就觀智，識前法虛假，亦復善巧覺了觀照之心，無有自性，虛誑不實，離知覺想，是則於數息中成就還門。復次，行者當數息時，非但不得所觀能觀，以慧方便，亦不得無能觀所觀，以本淨法性如虛空，不可分別故。爾時，行者心同法性，寂然不動，是則於數息中成就淨門。

㈤、數息念佛門：數息與念佛法門結合，即是數息念佛門。修法如下：數息進入常規後，在呼出時念「阿彌」，吸入時念「陀佛」，反過來亦可。念佛時的速度應隨順呼吸，不可與呼吸逆。總以不急不緩，聽其自然爲宜。

以上五種功能修數息，如果進入一門，即可深入，不必再轉修。如果是次第依數至隨門進入，則應具如下方便。

修數息法至純熟後，覺得心念能任運不作意地從一至十自然而數，完全處於無心的狀態。此時心住息緣，覺息虛微，心相漸細，覺得有一個數息的字音在，仍是麤動，心中有輕微的負擔感，在此心中不想再數。至此，已完成數息的工夫，即所謂證得數息法。這時應放棄數息法，很自然地轉入第二階段的隨息法，以求進一步深入（如果已證入禪定諸境，則應放棄一切法）。

得了證數法後，應注意平時的保護，注意息道的緩和，不令麤急，以免又會失去。

二、隨息法

數息法放下後，心念便更爲輕安自然，此時一心依著出入的虛微呼吸，呼出是虛空不可得，吸入也是虛空不可得，內外一體，無身心世界，無能所對待，無動靜取捨，祇是無心地將微細的心念繫在息緣裏，不生分散等意。這樣一直隨息出入，覺得心息相依，漸至微細虛豁，身體如同浮在虛空或呈高大之身感，內心異常輕快愉悅。此時可能會出現種子影塵及諸變化，不管是何種境況，祇是一切不住，不取不捨，仍然隨息下去，直到心息雙亡之際，豁然證入真空心體，此時湛然一片，靈知了了。如未證入，則應續修止觀等法。

隨息法如與念佛結合，即是隨息念佛法門。以四字洪名隨息出入，可以速證一心不亂。

隨息工夫純熟後，心念已至微細，內靜不亂，此時覺知氣息或長或短，在虛微之身中，遍身出入，沒有質礙的阻隔。心息能夠任運相依，意慮恬然凝靜。此刻覺得隨息仍是麤動，無心再隨，像是一個人在疲勞時祇想睡覺休息而不樂衆務一樣。當然，這時不是疲勞或昏昧，而是融融熙和，全身心沈浸在輕安之中，就像坐在三月的花園裏，百花盛開，清新的空氣，溫煦的陽光，浸透了每一個毛孔。這時甚麼也不願想，甚麼事也不願做，祇是沈浸在暖洋洋的歡喜與愉悅之中，昏昏欲睡，又明白如斯！隨息成就的覺相就是這般恬然凝靜。在此時，不可再起分別心，不可回顧前境，更不可有意追求定境，應一切放下，把隨息的心也放下，把放下的心也放下，一切無住，內心湛然，自然地證成隨息而入於禪定之境。

最後略說隨息門中的觀意。虎溪大師說：

> 境為妙假觀為空，境觀雙亡即是中；
> 忘境何曾有先後？一心融絕了無蹤。

隨息的息相即是妙假之境，故有而非有，而隨息之心一切不住，不起分別執著，虛靈妙應，故「觀爲空」。當隨息至能隨所隨頓時脫落時，一念不生，了了分明，此時即證入中道實相。而修者不能有期待想，也不要以爲總有一個先忘一個後忘，其實此時到來連自己也不覺知，所謂因緣時節成熟，自然得個消息。而此中道實相現前之際，一心靈知融攝一切而又超越對待，故無蹤迹可尋。

《六妙門．旋轉門》中說：

即息是空，非息滅空，息性自空。息即是空，空即是息，離空無息，離息無空，一切諸法亦復如是。息空故，非真非假，非世間非出世間。求息不得息與非息，而亦成息念。其所成就息念，如夢如幻，如響如化，雖無實事可得，而亦分別幻化所作事。菩薩了息，亦復如是。雖無息性可得，而亦成就息念。

這段觀法即是空假不二觀，可做隨息中參考。

第三節　後善的修法

一、坐畢收功法

㈠、放心：把收攝在緣的專注心放開，將知覺漸漸引至根塵現實中去，不再想用功時的境界。

㈡、調氣：將氣緩緩吸入臍輪，然後呼出並覺得散遍周身毛孔，似一個吹足氣的塑膠袋。如此調一至三次，最後吸入臍輪，稍停，即放開不管。

㈢、迴向：合掌念迴向文：

願以此功德，莊嚴佛淨土。
上報四重恩，下濟三塗苦。
若有見聞者，悉發菩提心。
盡此一報身，同生極樂國。

迴向文也可自編自選。

㈣、運動：緩緩運動腰身、背肩及頭、手臂各部關節，然後將手搓熱後放在雙眼上片刻，再睜開雙眼。接著以輕鬆愉悅的心情慢慢地按摩面部、頭部、頸部、胸部、腹部、腰部、兩手臂等，均一一使之鬆軟適泰。

㈤、下座：放下兩腿，按摩至和順後，緩緩下座，慢行百步，也可禮佛及做些輕微活動。

至此，一座修法即告完成（注意：正修中功法不是一次修習成就，因此須根據自己修法中的情況靈活掌握）。

二、下座後的注意事項

㈠、下座後不要立即吃食物，可喝溫水、飲料等。

㈡、十分鐘後方可排泄，不然真氣會隨之而下，造成損失。

㈢、不要立即做强烈運動，以免逆轉氣機。

㈣、不要立即看書、聽音樂及一切用腦之事。

㈤、不要不經活動就立刻睡眠。

㈥、坐畢後最好保持一段時間不說話，以涵養精神。如一定要說時，則應小聲說，否則肺氣鼓蕩，引起氣機不順，影響今後打坐。

㈦、不要回憶用功時的種種境界，但如在修法時有障礙，可以回顧檢查，設法找出原因，使下次用功時能過關。

㈧、不要與人談論修證境界，更不可誇張工夫，炫耀自己，這會使工夫一失永失，為修行之大忌。

㈨、不要觀察與猜測及詢問他人的境界，因分別他人境界會產生不良心理，如嫉妒、輕慢等，使自己工夫受影響。

㈩、要延續和保持平靜的禪態，妥善調養，保護心念，不令打失，這對今後修持影響極大，不可不注意。

㈩一、不要看有關工夫境界的資料，尤不可看氣功之類的書籍，因種子的作用，在用功時便出現許多不該有的障礙。

㈩二、要放下心來養性，無為無欲，不能打坐一完，就把俗情雜事撞了出來；應於心無事，於事無心，平淡如水，自得法樂。

第四節　止門的修法

這一部分的修法以止觀為中心，前接於數息法門，後通於還淨悟證，是十分重要的一個環節，出現的境界及障礙也特多。因此在修止觀法門時，還須同時對教理進行深入的研學，平時的身心修養也要不斷提高，生活應符合於正道，這樣在修法時纔能獲得進步。

止觀法是通於靜坐修與動中修的，因此動靜宜結合而用，不可偏廢。因爲有了數隨的基礎，靜坐中的儀規可以適當簡化，到了一定程度，可以完全放棄儀規，隨時可以出入定，能自在地把握修法。

止與觀在圓教修法上原是一體同時的，但爲便利初心入門，故以方便分爲二系進行修習。學者在止觀法中，應認識分而不分，不分而分的道理，方能圓活應用，不被法門所礙。

修習者在證得隨息法之後，心境凝然清虛，安然靜住而無亂想。此時應歇下一切分別緣慮之心，不去體味當時的感知與境況，把身心世界及一切修行概念統統放下，但也不可故意起心來放下某某境界，而應在微細的心念中，無心地止去，凝然不動，不起覺觀，這就是最基本的無心修止的工夫。大部分人由於執著心重，業障深厚，知見偏多，往往在此時被卡住，伏下去又翻騰起來，出現各種生理、心理的變化，如正邪八觸，善根與惡根，魔事與幻境等等，此時應加修密乘持咒法，如〈大悲咒〉、〈六字大明咒〉、〈準提咒〉等，配以手印，效果更好，但最好有人傳授，手印咒音纔不致偏差。用持咒法破障後，心境已較爲平穩，出現不同於前的一種寧靜，但偶爾倘有妄念生起，此時應用制心止法，即在妄念起時，立即以「斷」、「放下」等微細覺照心制其妄念，令歸清淨。此時在日常生活中，也應經常練習，然後在坐中方能得力。雖然加修了以上兩種方法，但基本法仍是凝心止。所以在無心凝然修止的工夫到一定程度時，心念轉細，某一因緣時節到來，忽然身心凝然寂止，泯然入定，不見內外相貌，不知在何地坐、是何時，不知我是誰，此時伏能所之相，不見時空，離於分別，唯有寂靜之覺（因有此覺，故不是見性），即是進入了禪定（不要管它是那一種禪定，不必分別對照），由於定法持心，任運不動，於是證得了止法的成就。

初次得禪定是不自覺的，而且有一段時間不怎麼穩定，因此盡量減少雜事，動靜結合練習，時時保護定心，以後經過一段時間的持續入定，就能趨於穩定，且能隨意把握，自由地出入禪定。

得證禪定後，不管出現甚麼神通功能以及種種變化，都不要理睬它，應一切放下，了知由禪所發的一切境界都是虛妄不實的，要明白禪定的目的是藉以伏煩惱、除蓋障，然後以寂靜心而開發真正智慧。因此通過禪定的體驗，身心修養有了很大程度的提高，便有可能真正證入佛法，故為見道修道的基礎。

證入禪定後，經過保護，相對地穩定下來，但此時又易產生對禪境的一種貪愛，於是耽著禪味，產生禪執，如果執心麤重，則又將失去禪定；又執禪之心因無慧照故，則易落於愚定，使道業不成，所以在此時仍要起體真止的觀修方法。在禪定時或在平時生活中，時時觀察一切諸法都是因緣所生，因緣無性，即是實相。因此先應明瞭禪定的境界並非真實，祇不過是五蘊假和合的感知而已，故仍是生滅法，本來如幻皆空，因此不生執著，不受禪味，境空心亦空，故能觀之心自然不起。直到能所雙亡，根塵脫落，一念不生，了了分明，真空之性自然現前，此時的靜不再是相待的感知，全體是心，全體是境，心境冥一，靈知不昧，這就是悟入真空，見於自性。如不用因緣觀，也可用返照法來修。如在禪定中，一心體達「受禪者是誰」？「知禪者是誰」？如此一直窮研返照，同時也不失禪定而起亂心分別，祇是無心體究，綿綿任運，直到山窮水盡時節，㘞地一聲，根塵頓脫，靈光獨耀，親見本來，則入於見道位。

體入真性後，每天仍要堅持靜坐一至二小時，並以此親切的體悟，應用於人事，隨時隨處返照觀心，使靈明妙心不受六塵所染。如有習氣翻騰，則應隨時轉化，久之則愈趨清淨，自然空淨無染，而且心力極大，能成就弘法大業，此時即進入方便隨緣止。雖以種種方便教化衆生，以種種善巧施設利益有情，而其寂靜空明之心，時時如此，並不因境而遷。在方便隨緣止中，雖然定力不退，空明依舊，但如果事緣複雜，仍有偏重的執著，如靜中偏於空明覺照，動中偏於事緣覺照，還沒有達到寂照同時，雙照空有、雙亡空有的中道境，所以在久久歷境練心中，到最後就以息二邊分別止法來止息空有二邊的偏重，使動靜一如，空有不二，一心體入中道圓妙之境；破無明、證法身，便能在一百個娑婆世界八相成道，廣度衆生了。

止法的重點是寂止，故無論那一種情況，都是以止來出離，使之趨於更高一層的境界，而不在境上多加分別取捨，這是修止法最根本的道理所在。

第五節　觀門的修法

觀門的修法與止門修法不同，它要在禪定心中，以能觀的觀智，觀於所觀的諸境，層層深入，最後達於智境冥一，悟證實相。本節中先述次第三觀，次論覺意三昧，最後論十乘觀法。

一、次第三觀

次第三觀是方便觀法，如練習者在止法中無法入門，即用次第三觀來修。

㈠、從假入空觀：這一觀是入門的至關重要的一個環節，應認真修習，反覆研磨。此法又分爲二科：一是析假入空觀，屬於初步的練習；二是體假入空觀，觀力較强者方可進修。

1、析假入空觀：練習者在禪定心中，以明瞭的心慧分別起觀，先觀定心中的微細出入呼吸的相狀，祇覺此時息相，猶如空中之風一般，無內無外，了無實體。次觀皮肉筋骨、五臟六腑等身體各種成分，猶如芭蕉之莖，也如夢幻泡影，無有實質。次觀微細的心念，無常變遷，刹那不住，沒有一個我的主宰。因此，一一遍觀身體、感受、心念、五蘊等一切諸法，令其消歸於空。久之，於觀心中，明見諸法皆無自性，既無得禪之人，亦無禪境之法，既無人法，而此禪定依甚麼而立？因此了達禪定的虛妄，其體本空。在定心中作如是觀時，便有功能與觀智的開發，如感覺呼吸出入遍及全身毛孔，內眼開明，透視身內的五臟六腑及經脈細胞與一切蟲類，因見到內外不淨的假相，及刹那變易的諸法，於是心生悲喜，證得無常、苦、空、無我的四念處智慧，破除凡夫常、樂、我、淨的四顛倒。由此得相應的智慧，已深明無我的真理，但未入見道，未證本來。如果在修此法時，出現各種煩惱障礙，則應用對治觀來分別觀破，如：⑴、多貪的用不淨觀法；⑵、多瞋的用慈悲觀法；⑶、愚癡重的用因緣觀法；⑷、業障重的用念佛觀，或用持咒法。

用析空觀修習後，雖未證入真空，但已得相應空，內心應是清明的，空覺應時時現前，身心輕快，頭腦清醒，精神爽朗而飽滿，執著明顯減輕，在生活中有一種異常的寂靜安寧感。

2、體假入空觀：這種觀法也是在禪定細心中，或在析空觀的基礎上作進一步的觀法。析空觀以思惟分析身、息、心三者皆空無性，而此法則以推理心境四性無體而悟入無生真空理性，故在觀智上要比前一步、難一些。

四性即以自生、他生、共生、無因生的四句模式，來推理心境諸法本自無性的真理。不過不能在四句上產生分析性的執著，而應借四句模式的推理，打破心的執著。如在推理時冥然進入真空無生之境，則推理就可停止不用，因爲當證入真境時，法亦應捨故。

推理的方法是這樣的：

(1)、先以心法來推四性：如果是心法自生，應從心生心，那麼，能生所生，就有二個心了；又不對境時，心也應常生，但沒有境的存在，也就沒有心的反映，因此，心並非自生。如果心是從他而生，從外境產生的心，與我又有何干呢？又如從境生心，那麼聖人在對境時，也應該生心了，但聖人並不會在對境時生心，所以心並不是從他而生。如果是心境共生，那麼，到底心與境各有生性纔成爲共生呢？還是心與境各無生性纔有共生呢？如果心境各有生性，爲甚麼還要依賴對方的共和纔能生起？假如一定要心境共和時纔能生起，那麼應有二個心共同生起，一個心從自心生，一個心則從境而生，但實際上又不然，因爲假如心境各無主體，沒有獨立的能生之性，那麼在共和之際怎能有所生呢？譬如一粒砂沒有油，衆多的砂共壓又豈能壓出油來？所以心並非從共生而來。如果說無因而生的，既然是不因心生，又不因境生的，心境的本體尚自沒有，又怎能產生心呢？不應該從虛空突然無中生有的變幻出心識來，所以說也不是無因生。這樣用四性來推理檢擇，尋找不到一個心的生處，則悟知心本無生，因無生故，一切妄念當下止息，真空妙性全體顯現，便證入一空一切空的境界。

(2)、如果用以上四性推檢心本無生仍未入門，就應繼續用四性推檢境本無生的道理了。如果境是自生的，那麼應該從境生境，便有二境的重疊。又心不緣境時，境也該常常現前，而實際上心不緣時境便不現，由此而知境必待緣，是不能自生的。假如從他而生，那麼從心生境，此境還屬於心中之境，怎能說是境？又心念兔角，兔應生角，而實際上心念之時兔角是不可能產生的，所以不是他生。假如是共生的話，正如前面所說，各無能生的主體，又怎能從共和中而生呢（注意：前面的二心並生，在此處應改為二境並生）？假如說無因而生，就如在太陽之中，忽然出現月亮一樣，是不可能。因此，境的產生也不是無因而生的。如此用四性推理檢擇，也尋找不到一個境的生處，則悟知境也是無生的。

因此，無論是心或境，在反覆地推理中，悟知俱如夢幻，求其生性了不可得，當體即是無生。這無生之理，今古常然，始終不改，故佛不能增，眾生不能減。悟入此無生性，即體達無生真空之道。《修習止觀坐禪法要．證果第十》章中說：

> 若行者如是修止觀時，能了知一切諸法皆由心生，因緣虛假不實故空；以知空故，即不得一切諸法名字相，則體真止也（此與從假入空義同，法則略有差別，初入佛法，最難的即是體入空寂的真性）。爾時，上不見佛果可求，下不

見衆生可度，是名從假入空觀，亦名二諦觀，亦名慧眼，亦名一切智。若住此觀，即墮聲聞、辟支佛地……當知若見無爲入正位者，其人終不能發三菩提心，此即定力多故不見佛性。若菩薩爲一切衆生，成就一切佛法，不應取著無爲而自寂滅，爾時，應修從空入假觀。

此即提示證空的情況。

㈡、從空入假觀：證得空寂之性後，不取著空覺，而更從空寂之性上啓其妙用，廣施善巧方便，度化一切衆生，成就一切功德莊嚴，因此，菩薩應進修從空入假的觀法。入假觀法須在了知一切諸法如幻、緣生無性的基礎上，進一步深明入假三法：

1、知病：深知衆生三惑等無量煩惱習氣之病，明晰無謬。

2、識藥：深悉一切佛法方便，八萬四千法門，諸宗善巧妙觀，乃至世間一切有用的學問，都應一一掌握。

3、應病與藥：深明病藥相治之法，對不同的衆生，方便施以不同的法門，使各得其意，符合於根機，善巧除其障難；在一一病藥中，沒有錯謬與顛倒，都能使眾生歡喜受益。

菩薩如果不明瞭以上三點即是塵沙惑，能夠遍觀此三點而又能遍學精進，即是伏塵沙惑。如進一步能稱機啓用，深符藥病，即稱之爲斷塵沙惑。如所知病藥及應用之見未亡，即屬於菩薩習氣。如《修習止觀坐禪法要．證果第十》中說：

則當諦觀心性雖空，緣對之時，亦能出生一切諸法，猶如幻化，雖無定實，亦有見、聞、覺、知等相差別不同。行者如是觀時，雖知一切諸法畢竟空寂，能於空中修種種行，如空中種樹。亦能分別衆生諸根，性欲無量故（病），則說法無量（藥）。若能成就無礙辯才，則能利益六道衆生（應病與藥）。是名方便隨緣止。乃是從空入假觀，亦名平等觀，亦名法眼，亦名道種智。住此觀中，智慧力多故，雖見佛性而不明了。菩薩雖復成就此二種觀（指入空、入假），是名方便觀門，非正觀門也。

此即提示入假的情況。

㈢、中道第一義諦觀：在入假觀的修習中，因爲緣對偏多，慧照偏勝，所以對寂靜心有所影響，這也正是菩薩在衆生中所難避免的微細四相的執著，因此，必須進一層打破偏執、融空有於一體，消真俗於不二，便可破無明、證法身，全體契入中道妙境。因此，《修習止觀坐禪法要．證果第十》中說：

因是二空觀，得入中道第一義諦觀，雙照二諦，心心寂滅，自然流入薩婆若海（中道果智），若菩薩欲於一念中具足一切佛法，應修息二邊分別止，行於中道正觀。云何修正觀？若體知心性非真非假，息緣真假之心，名之爲正；諦觀心性非空非假，而不壞空假之法。若能如是照了，則於心性通達中道，圓照二諦。若能於自心見中道二諦，則見一切諸法中道二諦；亦不取中道二諦，以決定性不可得故。是名中道正觀。

通過中道正觀的修習，啓開大智慧，證入佛眼一切種智，因定慧力等故，了了見於佛性，獲得六根清淨，入佛境界，於一切法無所染著，一切佛法同時證入，具足真應二身，能於娑婆界，八相顯示，廣度衆生。這就是中道觀初步成就的初發心時，此時的性質、功能與佛一樣，所以也稱爲佛，不過仍未究竟圓滿，所以祇是分證佛德而已。

修習者在次第三觀法中，經過數月的練習而終未悟證中道，或毫無興趣，或初有進步，中途退轉，由於種種因緣與上法不契，則可改修覺意三昧觀法，以進一步開發善根，助成大道。

二、覺意三昧觀

修此觀法，先要發大誓願，以此莊嚴自心，並要深明自性空寂、本具一切萬德，而我今被無明所覆，未能覺了，因此必須勤修正觀，真正行到此境乃能證知，一切知解均屬緣慮故，不能明悟佛法。因此以廣大真正之心，行六度法化轉六蔽，因修六度時，應一一了知三輪體空，善調其心，令意柔軟，然後隨心所起，以無住著之心，返照觀察四念細心之相。這四念即是所觀境：

㈠、未念

心未起念緣境的寂然狀態。因爲此時心相已止，沒有對待，但心體空洞湛寂，靈明不昧，不過一般麤妄未歇，覆蔽重的人是看不見的。

㈡、欲念

心正想起念緣境的最初一剎那開端，是從細至麤，從弱至强的心相活動過程。

㈢、念

起一念一定有一個對象，心與對象相應，即有明瞭思惟的作用，念正是心與境相應的一個過程，這也有麤細不同，麤的心緣境較長而不自覺，波動較大；細的較短而能自覺，波動也小。不過未證空性的心會隨之而遷，如悟知心相心體不一不異，則即是明心見性的境界。

㈣、念已

一念緣境勢力盡的時候，但一般很短，所以平常不易察覺，如果慧照力强，即在念滅之時，頓了空相，然後又見念起，或者亦可以暫伏不起，但不能即認爲無念爲究竟，因爲心念的作用，正是寂滅體上的妙能，所以無念無所不念，方是真正寂照同時的真境。

我們的心念無論緣善緣惡，以及行、住、坐、臥、語言、行動等一切作用，都有以上四相的過程，因此把握住四相，即能自在地應用心的功能。假如能夠在行、住、坐、臥一切時處中，不斷地觀察四相，了達四相即是非相，便入一相平等，悟入無念真心。悟入後，又以了了分明的慧照，啓用一切心能，善巧成就一切事業，廣度無量衆生。如果因根機較差而未能悟入，則應用推理四相以念轉念的方法，以冀悟入。

推理方法分四層，每層中有四句，如於其中一句相應，即能趨入妙道。

第一層：諦觀推理法

第一句：未念的心是滅，欲念的心是生麼？

第二句：未念的心是不滅，欲念的心是生麼？

第三句：未念的心是亦滅亦不滅，欲念的心是生麼？

第四句：未念的心爲非滅非不滅，欲念的心是生麼？

第二層還轉諦觀推理法

第一句：未念的心是滅的話，這欲念的心是生麼？

第二句：未念的心滅了後，這欲念的心是不生麼？

第三句：未念的心滅了後，這欲念的心亦生亦不生麼？
第四句：未念的心滅了後，這欲念的心非生非不生麼？

第三層：諦觀推理法

第一句：念心生，是念已滅麼？
第二句：念心生，是念已不滅麼？
第三句：念心生，是念已亦滅亦不滅麼？
第四句：念心生，是念已非滅非不滅麼？

第四層：還轉諦觀推理法

第一句：念心心生，是念已心滅麼？
第二句：念心心滅，是念已心滅麼？
第三句：念心心亦滅亦不滅，是念已心滅麼？

第四句：念心心非滅非不滅，是念已心滅麼？

在如上四相的推理中，找不到一個生滅、不生滅、亦生滅亦不生滅、非生滅非不生滅的任何一種特定的心相，一切過程都是虛妄無實，但有名字。名字之法不在內外中間，也不自有，即是無名字。假如在推理中，深悟在生滅四句中沒有名字相，但也不離假名的遷流作用。因無名字，所以非假(即空故)，仍有假名的作用，所以非空(即假故)。於是在一念妙觀心中，融通了真俗、世出世間、有漏無漏、生死涅槃等的二邊，不取不執，遠離一切結業障覆。正觀之心，猶如虛空，湛然清淨；因此中道正慧，朗然開發、雙照二諦，自然流入大涅槃海。

覺意三昧觀法的主要意義是通過推理等方法，返照心不可得，本然無住及畢竟空寂的心性原態，無論坐中修或動中的歷緣對境修，都無非是體悟四相本空的真境，從而返照真心，任運無礙。由此可知，這種觀法是較爲親切的，與禪宗的參話頭有一定的相似處。因此在諦觀中，不能向外分析，而重在破其妄執，洞明心源一旦「翻身觸破太虛空」，則真常靈光，朗然現前！

三、十乘觀法

十乘觀法是天臺宗最廣大、最圓滿的法門，它是在十境的觀境上，用十法構成非常嚴密的觀行系統。通過十法的修習，無論是那一種根性，祇要具備對諸法實相的圓解，都能悟證道果。現將十乘攝在六妙門的觀門下，一方面是由於六妙門的圓通性，另一方面是使學者通過最後這一道觀法，能有更深的體驗，得到親切靈活的受用。

在論十乘觀法前，先述十境，因爲十乘觀法均是在十境上起觀的，所以一境有十觀，十境便有百觀法，而且，境中有境，麤細深淺等各有差別，故境智觀法便有無量了，這祇有在具體的修習中，方能真正體悟。

㈠、十境

1、陰境：即色、受、想、行、識的五陰之境，取第五識陰中的第六意識作爲入手的觀境，因爲它時時現前，易於起觀故。

2、煩惱境：貪、瞋、癡等惱亂昏煩的心理現象。

3、病患境：四大增損等種種生理疾病。

4、業相境：過去所造善惡之業在坐中所現的善惡幻相。

5、魔事境：一切破壞寂靜善根的外在種種功能、境界，如天魔、精靈、鬼神及邪道功能等。

6、禪定境：一般出現禪定是色界中的四禪，屬於過去宿習的再現，極少數有更深一層禪的發現。

7、諸見境：一切不正確的推理與認識，由於在靜細心中不斷地思惟，久之似乎對人生宇宙的真理有所明悟，但因未斷分別意識的虛妄執著，所以這些認識皆屬邪見。

8、慢境：妄心暫息的人得悟相似智慧，因不了真境，以爲已證聖果，於是產生自恃輕他之心。

9、二乘境：在靜寂心中，沈溺於偏空，不發大心利益衆生，這是宿習小志的發現。

10、菩薩境：雖發大心，且用覺悟之道廣益衆生，但悟解未圓，處處有偏執二邊之咎，因此，應更進一步用圓教不可思議的理性，以超越其境。

以上十境如從生起而言，應從五陰境入手，次第開發後九境；如從互發不定來說，則後九境的出現是無規則的，因各人的宿因根機不同，故境界的出現也有差異。

㈡、十乘觀法

1、觀不思議境：現前第六意識的一念妄心，此心全真成妄，今達妄即真，因此了知此一念妄心具足萬法，無有缺減。這一念妄心不起則已，若起，則於十法界中，必落一界；若落一界，必具百界千如。以此墮落一界之心，不是心的少部分，而必然是心的全體，因為心外更無百界千如之故。如果能在一念觀心中，頓了這現前一念妄心，全具百界千如三千性相，無自性、無他性、無共性、無無因性，無性亦無無性，則能頓證法身、般若、解脫的三德祕藏。則為初發心時，便成正覺；則是定慧平等莊嚴；則以遍破見思、塵沙、無明的三惑；則已了知一切諸法中皆有安樂性；則已具足圓妙道品；則已到於事理彼岸；則為登於菩薩正位；則為永超十魔八難；則已心心流注薩婆若海。這是上根人，祇於觀不思議境的一法，便能圓成菩薩，同時也即具足了十法之乘。

2、真正發菩提心：上中根人在觀不思議境時，未能頓入，應思惟心、佛、眾生三無差別的道理，為甚麼諸佛已悟，而我及一切眾生猶滯迷情？因此以無作四諦爲所緣之境，思惟彼我，痛憫自他，殷重發起四弘誓願。因爲緣於至真的理性而發心故，豁然開悟，一發一切發，登於發心住，成就三德祕藏。

3、善巧安心：如果行者在緣理發心時，心仍散動，未能登位。應思惟心體本來寂照，善巧調適。或以即寂之照，令不沈沒；或以即照之寂，令不浮散。浮沈病除，心體明淨，則能破惑證真，登於初住位。這是上下根人在第三善巧安心中，得證三德祕藏。

4、破法遍：如修前法仍未安心入道，則心中對所觀一念三千之境猶存意解，未知當下即空、假、中。行者應以四性推理法逐步檢擇，悟入無生，無生則無所不生，便圓顯中道，成就三德祕藏。這是中上根人在四性破法遍中，悟入中道的方便行法。

5、識通塞：中中根人在上法中，往往意執難忘，因破法而成塞，故應善識通塞，思惟一切諸法中，都有安樂性，但去其病，不去其法；如果是塞阻大道之法，則應破之，若是通順於大道之法，則應護持。由於善識通塞故，即塞成通。於是煩惱即菩提，菩提通達，無復煩惱；生死即涅槃，涅槃寂滅，無復生死。因此悟入，得證道果。

6、調適道品：中下根人在前法中未入，應觀現前一念三千性相不可思議，即是圓心念處（四念處）。一心念處，即是一切心念處。更以四正勤策發，緣四如意足，而生五根，使其增長，便成就五力；調停七覺支、使其趣於八正道；開圓三解脫門（空、無作、無相），而入三德祕藏，成就道果。

7、對治助開：下上根人，因有無始事障未除，所以在前法中被蓋障所覆，不能入位。因此，須仔細觀察那一障偏重，並以理觀爲主，以對治事行爲助；正助合行、通猛精進，不惜身命，誓願證道，終不懈怠退轉。由此以事理二治，斷無始事理二種幻障，障除理現，豁然證入中道。

8、知次位：通過前面七個階段的修習，縱然是鈍根之人，也都能獲得利益，倘如不知次位，生起增上慢之心，以凡濫聖，招過不輕，所以必須在內心所證上，深入簡別觀察，到底是究竟即佛？還是分證、相似即佛？或者僅是小輕安的境界？通過觀察後，已知自己所入之位，即不起上慢之心。

9、能安忍：在前知位後，或入五品觀行位中，障轉慧開，神智爽利，本不聽學，能解經論；欲釋一義，辯不可盡。於是名聲漸傳，外招名利，內動宿障，被信衆之所圍繞，講說弘法，廢損自行，不但正行不進，障道還可能時時出現。因此，應在此刻好自勉節，對於名利安然無著；並應忍耐內外榮辱，不動不退；策進五品，進入十信，證入六根清淨之德。

10、離法愛：行者斷除內外障後，愛著六根清淨，互用神通等中道相應法愛，不能進入初住之位。因此，更應斷離法愛，而入分真中道，證入分真後，分得大理、大誓願、大莊嚴、大智斷、大遍知、大道、大用、大權實、大利益、大無住。從知位到最後的三法，是下根人修前面七法未入中道。所以須加方便助道。當修完十法時，也就同證三德祕藏，得菩提果，圓顯中道了。

第六節　止觀二門修習要義

止觀二門的修習是學人能否悟證的一個關鍵，如果修習得善巧，就不必繼續修還淨二門，因在止觀中已能直入大道故。修習止觀者，須遵照以下八條要義，方不致落於偏差：

一、時間次序：每日打坐二小時以上，堅持三年不懈。先修止門，次修觀門，然後止觀合用，靈活進修。

二、根本原則：用心之道一是無著，即「恰恰用心時，恰恰無心用」。二是時時返照真如本性，於自心清淨性體，生大信心、大隨順，念念不離，處處息妄。

三、身心修養：求學瑜伽菩薩戒，認真研明真義，處處以戒自律。每月初一、十五還應堅持誦戒。

四、讀誦經典：每日應讀誦《妙法蓮華經》，如時間不夠可以分節讀之，時間最好在晚上臨睡前。讀誦時應同時修空、假、中的三觀。

五、研究經論：在三年内（或更長些也無妨）應研學以下幾部經論：《妙法蓮華經》、《楞嚴經》、《維摩詰經》、《六祖壇經》、《永嘉禪宗集》、《教觀綱宗》、《漸次止觀》、《摩訶止觀》。同時應閱讀一些有關經論與高僧傳等，並注意不執文字相。

六、講學：最後一年應作講學鍛煉，但不可次數太多，以輕鬆而應付之。在講學中應時時作觀，體現三輪空及妙假自在照。

七、參學：三年中應安排幾次到各地參善知識，試以自己修習體驗印證自他。如遇真正明眼人，切須虛心受教，不可妄自驕慢。

八、爲人：做事爲人，應依照「隨緣不變，不變隨緣」的原則，故應放鬆身心，不妄生無謂的事情。不以師自居，不收弟子，但如有人需要幫助，應盡量給予方便，而不計較得失。

學人依止觀法修習三年，必有一定的成就，如果未能證體，還應繼續修還淨二門，在最後的二道門中，通至涅槃。

第七節　還門的修習法

這一部分的修法是最後的二道門，止觀二門中未證者，就須通過這最後的修習，以期完成道業。還門的修習主要是還於本原，即證入真空理體；淨門則是從體起用，在事緣上開智慧，淨煩惱習氣，方便度化衆生，到究竟時，即圓成無上菩提。

此二門修法，對於根機特別好的人，也可以直接修習，但如從止觀門中鍛煉過來的，力量更大，進步便迅速些。還門以堅毅的苦修作爲推開智門的方便，故必須勇猛精進；淨門則隨緣坦坦，任運自在，故是無修之修。因此，還門的修習有相當的難度，意志不堅强者，往往難以透過。對於不過關者，可以轉入淨土法門，緩緩進修，以期臨終往生。已透關者，因已證根本智，生與不生可自作主張；同時應融會禪宗，更起大機大用，則妙用無盡矣！

還門修法分爲基本行法與定期專修法二大類，最後以念佛三昧爲歸。基本行法主要取其悟入還轉的返源之意，有方便與直接的二種不同；定期專修則是較爲嚴格的三昧行法，依次有半行半坐、常行、常坐的三種次第增進修法。

一、基本行法

㈠、方便返照法

智者大師在《六妙法門・第二次第相生六妙門》中說：

修還者，既知觀從心生，若從折境，此即不會本源。應當反觀觀心：此觀心者從何而生？爲從觀心生？爲從非觀心生？若從觀心生，即已有觀，今實不爾。所以者何？數、隨、止等三法中，未即有觀故。若從不觀心生，不觀心爲滅生？爲不滅生？若不滅生，即二心並；若滅法生，滅法已謝，不能生觀。若言亦滅亦不滅生，乃至非滅非不滅生，皆不可得。當知觀心本自不生，不生故不有，不有故即空，空故無觀心。若無觀心，豈有觀境？境智雙亡，還源之要也。是名修還相。

這一段所述修還法與體空觀意義基本相同，但此約生滅等法來返照，顯得更爲親切。

㈡、觀心直照法

這一修法是直接從觀心門中趨入，如智者大師在《六妙法門．第八觀心六妙門》中說：

復次，行者當觀心時，既不得所觀之心，亦不得能觀之智。爾時，心如虛空，無所依倚。以無著妙慧，雖不見諸法（空），而還通達一切諸法（假），分別顯示；入諸法界無所缺減；普現色身，垂形九道（九界）；入變通藏（證大神通變化妙應功能），集諸善根；迴向菩提，莊嚴佛道。當知心者，即是還門。

如果根機成熟，就立即起圓妙三觀，證入初住無生忍位。因此觀心還門的直照法，祇是直照心源，不起分別，當智境雙亡，心如虛空時，便證入真空；真空不空，宛具一切微妙作用，即是妙有；而空假不二，圓融無礙，便是中道證境了。

二、定期專修法

㈠、半行半坐三昧修法

專修三昧是求速證的方便，因此，需要具備以下八個條件：

1、行業清淨：在一定時間內，沒有造不善之業，行業無染，內心清明，沒有精神負擔。

2、身體健康：欲專修三昧，先要檢查身體，不能帶病修法。如自覺身體疲憊，精力不夠，應先休息調養一段時間，然後再進入專修。

3、閑靜處所：尋找一閑靜的處所，沒有閑人干擾以及喧鬧雜音，空氣與陽光均要考慮是否合適。因此，選在山野為佳，但如無此條件，亦可在家庭中選一靜室。

4、時間安排：時間的安排有二義：一是要選在一年中氣候較溫和的春秋季節；二是要有足夠的修持時間，不可匆忙從事。

5、熟練修法：有關專修期的修法，應先熟練，如咒語等先須誦習流利，在修法時方不致受影響。

6、生活資源：要準備好專修期中的一切生活所需，並應注意自身的弱點，考慮滋益的物品。

7、教授善知識：專修期中能有明眼善知識的直接指點，這是進修最增上的動力，可避免許多障礙；但如一時沒有，也要依自己的智慧去轉化諸障。

8、外護善知識：修法期的生活需有人照顧，護理諸事，但如果不可能，也可自備乾糧、水果、蜂蜜等生活用品，一個人或許更爲安寧。

以上條件基本具備後，選定一個起修時間，清理一下房間，把一切不需要的東西，盡量拿走，愈是空曠簡單就愈有利於專修。佛堂可設可不設。專修時間次序如下：

1、第一輪：從早晨二點開始坐修四小時，下座旋轉一百二十匝，然後吃早點。

2、第二輪：從八點開始坐修三小時，下座照前旋繞，然後吃中飯，略爲休息。

3、第三輪：從下午二點開始坐修二小時，下座旋繞二百四十匝，然後吃晚飯，略爲休息。

4、第四輪：從晚上七點開始坐修二小時，下座旋繞一百二十匝，然後吃少量營養品，十點睡眠。

坐中修法以直觀諸法實相爲主，兼以諸攝心法輔助。觀法如《金光明疏》中云：

達一念性具三千妙境（境即是假），本來空寂（空即是觀，是為雙照空假）；無能觀空（不為智所淨，亡空也），無所觀境（不為境所染，亡假也）；境觀雙絕，能所頓亡（雙亡二邊，是為中道）。是爲日用中一心三觀，更無前後。

在坐中以此觀法直下照去，則三觀任運圓成，三德自能圓顯。動中旋繞應繞一匝持一咒，一心專持，三觀現前，有破障顯德的妙有，故宜誠心照直持去。

此三昧修法最少七天，如果條件允許三七、七七或更長一些則效果更好，期數也可根據條件，自己確定。

㈡、常行三昧修法

修此三昧要在九十天內一直旋繞，不得睡眠與坐臥休息，精進勇猛，不證三昧，終不退轉。口中常念阿彌陀佛名號，應以金剛持為主，以高低聲為輔；心中依聲作觀，空、假、中任運現前；或在假觀中觀阿彌陀佛三十二相，或觀西方極樂世界種種莊嚴，以此妙相，會入真空，體達不二，悟證中道實相。

學人經過半行半坐三昧修習後，如有條件可進修此三昧，一次即可，不必數期。

㈢、常坐三昧修法

修此三昧在九十天內結跏趺常坐不動，身心端直，不偏不倚，除經行、飲食及大小便外，隨佛的方向，正向端坐，時刻相續，不得睡眠與休息。修法也是正觀實相為主，如果疲極，可出聲唱念阿彌陀佛，以度障難。

三、念佛三昧修法

念佛三昧是三昧中王，圓攝一切法門，功德悉備，廣大圓滿，是末法時代最契機的法門。它三根普被，利鈍全收，速者當下成佛，娑婆即是極樂；慢者久久修習，一經往生，登九品蓮而一生不退，畢竟成佛。

學者修前法未入者，腳力已經練出，最後修此念佛三昧，必能成就。故宜拋棄一切雜修，一心精進念佛法門，信願堅固，以成就三昧爲期。

㈠、持名念佛修法

以圓三觀門修持名念佛，達證事理一心不亂。正持名時念念相續，了了分明，字字清楚；此時一名即是一切萬德莊嚴，即是彌陀願海，即是往生、成佛、度生的時節，一持一切持，無一法離此外故，這即是假觀持名。正持名時，空洞湛寂，一念不生，了無一法可得；沒有能持的身心，沒有所持的佛號，無淨無染，無取無捨，一片真空，不動不出。這即是空觀持名。無持而持，持而無持；即空即假，即假即空；雙亡空假，雙照空假，一心融攝，體即實相，這即是中觀持名。在一持名心中，三觀現於一時，沒有前後次第，相應時，即證念佛三昧。

修此法要在一句佛號上，重重向內深入，愈持愈親，愈觀愈切，當持到純熟時，不勞心力，自在圓成。因此須久久持念，方臻妙域。

㈡、觀想念佛修法

《觀無量壽經》云：

若欲志心生西方者，先當觀於一丈六像，在水池上。……身有三十二相，不可遍觀，須是從一相好入。但觀眉間白毫，三十二相自然當現，觀若純熟，不妨改觀，觀餘身相無不可也。

觀佛相好，先觀白毫。白毫在佛兩眉中間，白如珂雪，長一丈五尺，周圍五寸，外有八棱，內則虛通。右旋宛轉，顯映金顏，格外分明，瑩淨明徹，微妙難喻。學者在作觀以前，應先明瞭萬法唯心，一切唯識的道理；深知極樂依報國土，寶樹、寶地、寶池，彌陀海衆，正報之身，三十二相等，皆是我心本具，皆是我心造作，不從他得，不向外求。能了達此義，作觀時方不惑於自他，不在境界上生諸妄執。

明白以上道理後，即用三觀而修。觀白毫時，一心一意，專想不移，了了分明。能了此境，具足諸法。返照此相是從我身得？是從我心得？佛不從我身得，不從我心得；不從我身得佛心，不從我心得佛色。爲甚麼？如果是心，而佛乃無心；如果是色，而佛不屬色，故不可以色求三菩提。由此推求，知境本空。所觀之境既空，能觀之觀亦寂，能所俱亡，不落情想。空雖不可得，隨念即見，如鏡子照面，像現其中，鏡像非真像，悉是幻化假。故佛不曾來，我亦無所至。心不自知心，心不自見心。心有想則癡、無想是涅槃。因此念而無念，無念而無所不念，非染非淨，境觀雙絕，能所頓亡，即是中道妙觀。

念佛法門除上所述二種較易入者外，還有實相念佛（修法之義與前通），念三世佛，念法、報、化三身佛等法門，這裏不一一列舉，學者可自尋《念佛三昧寶王論》等參照修習。

四、還門修法要義

還門的修習難度較大，如果這一關過不去就不必修淨門，而趨入淨土往生。在修還門時，應注意以下六點要義：

㈠、應放棄一切文字名相之學，不求意解，暫時不閱經論諸書，一心修法，思想空淨，方能疾得相應。

㈡、盡可能地去參訪知識，以求轉化偏執，言下轉機。如機緣成熟，即能點破識情，頓入妙境。

㈢、不可勉強進修，雖然專修三昧有相當的艱苦，但也須注意調攝，靈活應用，如過於勉强，則有礙身心性命，反致道業不成。

㈣、修還門不應計較時間，以成就三昧為期，因此，終身均可行之，尤其是即持名即實相一法，更宜時時修習，直至臨終。

㈤、通過止觀的磨練後，應掌握適應自己的一法，專注而靈活自在地修下去，不可經常變動，反致相互干擾。

㈥、在一切生活中，應隨自意而修三昧，不可忘失覺照，念念覺、念念悟、時時不離修法。

第八節　淨門的修習法

淨門的修習是從見道位開始，即六即佛中相似即的初信位，此由不斷而斷、任運斷八十八品見惑，法界圓融平等的理趣，已略窺一斑，真信現前，故名為信心位。永不退為凡夫，自在增進道業。此與禪宗破初關齊，與密乘的三昧悉地也齊。雖思惑、塵沙、無明未斷，但已能圓伏不起，故在淨門中，即以見道之智，轉化煩惱習氣，及至真淨現前，便圓證三德。

一、淨門的基本修習

以真見起修，乃是無修之修，心無取捨，離於分別，但莫污染，性體自淨。故智者大師云：

> 修淨者，知色淨故，不起妄想分別；受、想、行、識，亦復如是。息妄想垢，是名修淨；息分別垢，是名修淨；息取我垢，是名修淨。舉要言之，若心如本淨，是名修淨。亦不得能修所修及淨不淨，是名修淨。（《六妙法門．第二次第相生六妙門》）

這一段修淨法，正是從自心寂靜體上所起的無住妙用；雖終日見、聞、覺、知，應用一切，但心無依倚，體絕去來，一念孤照，任緣無礙。如此修淨，煩惱不斷而自斷，習氣不淨而自淨，神通不求而自至，妙德不爲而自顯，真智不證而自照。這方是無上妙法，微妙真修，一入涅槃門，直通無上道。

因此，淨門是不須借法，而是以自己智慧的朗照來轉物，不管一切境界的善惡、是非、染淨等，以圓淨心去遍照諸法，則一切均融在平等智光之中。智者大師在《六妙法門・第八觀心六妙門》中說：

復次，行者當觀心時，雖不得心及諸法，而能了了分別一切諸法。雖分別一切法，不著一切法；成就一切法，不染一切法，以自性清淨，從本以來，不為無明惑倒之所染故。故經云：「心不染煩惱，煩惱不染心。」行者通達自性清淨心故，入於垢法，不為垢法所染，故名為淨。當知心者，即是淨門。

由於行者已識真心本淨法身之體，故祇要保護此心，隨時覺照，不染一塵，便是淨門的無功之功了。正如普照禪師所云：

見色聞聲時但伊麼，著衣喫飯時但伊麼，屙屎送尿時但伊麼，對人接話時但伊麼；乃至行、住、坐、臥，或語、或默、或喜、或怒，一切時中，一一如是。似虛舟駕浪，隨高隨下，如流水轉山，遇曲遇直，而心心無知。今日騰騰任運，明日任運騰騰；隨順衆緣，無障無礙，於善於惡，不斷不續；質直無僞，視聽尋常，則絕一塵而作對，何勞遣蕩之功？無一念而生情，不假忘緣之力。

行者果能以真見起用，以平常無染之心，無造作、無是非、無取捨、無斷常、無凡無聖，任緣無住，朗然遍照，則佛法自能現前，處處無礙，事事通達，光明大用，清靜自在。

二、淨門的鍛煉法

恩師元音老人開示云：

有三要：一、在妄念的緣起上，觀察自心本相（即妄念之起，緣於真心，無真心，何有妄念），而認知法身自性。二、融妄念入法身妙用，熟識法身。三、於妄念停息時，堅固而定，念無連續，法身無爲而住，時時處處在身、語、意上用功；「身」離諸作爲，唯安閑寬坦，令身安住；「語」，無益之世間語及出世之咒誦均停止，安靜如谷；「意」，恰恰用心時，恰恰無心時。心等虛空，絕一切分別，離沈掉無記，等持惺寂，住於本妙明淨體性中。

恩師所示三點要義，即淨門中的鍛煉法要。此鍛煉法可在一切緣中修治，逐漸心體明淨，起大妙用。

此外，淨門的鍛煉除了人事中的淨覺，最好的方法是閱宗門公案，先從《碧巖錄》下手，然後再閱《五燈會元》。在閱讀中，時時照顧本來，不被語句轉了去。並以所悟機用，移用到生活中去，以此開啓智慧，消磨習氣。

對於一些業障重、習氣深的人，因爲無明力大，般若力小，未免被勸靜諸境互換，心不能恬淡，所以還須做忘緣遣蕩的工夫。茲選錄王驤陸居士〈證體啓用一百條〉，供學者磨習時參考。

1、實相者，本來之佛性相貌也。欲形容其湛寂本體，名曰清淨，欲表示其無住妙用，名曰自在。人能於座上所證得之清淨自在之光景，移用於人事顛倒之時，無不化有歸空，化顛倒為清淨，化煩惱為自在，而苦滅矣；且可滅他人之苦矣，此名度生。

2、此法（指心中心密法，餘法亦類似）工夫愈深，習氣發動亦愈多，由八識田中自然啓發也。蓋慧者，亦我之習氣也，以不能轉即為習，轉即為慧力，為妙用矣，非二物也。

3、此法工夫愈深，習氣發動亦快，但去亦甚快，發時較平日為大，但一次小一次，短一次，不復再增長也。

4、此法工夫愈深，膽子比較愈大，如忽遇驚，亦祇一驚，不復再驚矣，但必在起用之後，則其力日強。

5、此法工夫愈深，忽而忘記性大，又忽而記憶力甚強，且日見敏速，感覺力亦強，往往不加思索，即與物相應，此通之先兆也，亦一定之過程。

6、性不生易而心變易，變易者幻，幻來幻去，於本體性畢竟無礙也。習氣之來，幻心之變易也，昭靈覺知，亦幻心之變易耳，同一為幻，於本體性，同一無增損也。明心後方可以般若掃蕩習氣，同時更以般若掃蕩此掃蕩，掃至無可掃時，斯合本來，斯合般若大空之旨。

7、明心時作工夫，要準、要狠、要省、要等、要平，則穩矣。準者，看準方向，無所疑退也；狠者，克制自己，絲毫不留情，且認得透徹也；姑息二字，等於自殺。省者，常常內自省也；等者，等時候也；非有相當時間，其力不充足也；平者，觀一切平等，以不論何種掛礙，皆由心不平等，分別得失而起，不知法本不生，何患乎得？法體不滅，何患乎失？能平則自然不驚、不怖、不畏，超然入自在之境矣。人往往有時間相、得失相、成敗相，諸種習氣來時，不能打破，此即定不足，慧不充了，即般若力不強也。故要等，等到其間，力自充足耳。此譬如行路，貴在方向不錯，按步而進，不在遲速也；穩者，如是穩定，永不退轉了。

8、平時當用反觀法，明心之後，我見未能即除也，習氣未能即淨也。我見習氣，時時來，時時能轉而化之，是真明心者；若轉化力小，此另一總是也。祇怕不知轉，不知化，即不能轉、不能化矣。又有人保留習氣不化除，何異有財勿用，與窮人等，然究與無財者不同也，雖似而仍不似也。故學佛第一在開覺知，如得財；第二在善用其覺知，如用財；第三並覺知而亦空之；第四無所謂空不空，本來即如是，如真富貴人，自忘其多財也。不似今之戚戚者，時露其窮相，自己不敢承當，不放心也。

9、上來各條，是明心性之真實相貌，與用功及常常保持之法。但覺照一起，習氣即消，此中遲捷多有不同，一爲境，一爲覺。此又有過程者十：一、境來而不覺；二、境來而再覺，惟起覺遇事；三、境來時起覺不難；四、境來即覺略有先後；五、境覺同時並起，而有時忘失；六、同起而可以勿忘；七、覺先於境，但有時在後，或偶而竟回到忘失時；八、常常不動；九、覺尚未淨；十、常寂而常覺照，並覺亦無住矣，此是力量真充足時。

10、從來大習氣易去，小習氣難除，還是不平等，是以有驚怖畏之果，其間忽上忽下，不得以退轉名之，切要切要。

11、考自己習性，不論好壞善惡，凡不易化除者，即屬生死之根，萬不可固執爲善而保留之。愈不易化除，愈要化除；常與自己逆，便是進功。

12、般若之妙，祇在一圓字，能圓其義，斯圓於心，即圓於事；若有所住，義即不圓。此由於本來尚未透徹，加以各種習氣來會，把持之力弱矣。譬如貪財一事，明知本來不是好事，奈我所恃者，祇一理智，而環境諸習氣，如得失心、愛護心、好面子心、爭勝心、比較心、未來恐怖心，此六心，足以助成其貪焰，加以眼前之困苦、壓迫、責備，又足以驅策之，逼之不得不貪，此圓於理而未圓於事者也。所謂人天交戰之資格，此即啓用。由小戰而大戰，小勝而大勝，根本破敵，永無後患耳。

13、工夫切切壓制不得，如貪瞋之根，必拔除之、化解之。疾惡他人之貪瞋者，自己已成立一貪瞋之見，亦屬壓制韜；如穢器未淨，封固之，終必有再發之一日，非究竟也。

14、用工夫切切躲避不得，如敵來則破之。若但知守住戒、定、慧，用以對治貪、瞋、癡，則善惡二見，留影於心，如敵來守城，雖一時敵不得入，敵終未去，乘機何右入城，非究竟也。故勿躲避，以破除為妙，兩不留影，心無所染，敵我同化，即入大定了。

15、境來不理，亦不起念，但不斷滅，此靜中定也。對境不惑，依然應付，動而不動，此動中定也。至動靜一如，無可不可時，則大定矣。

16、肯做不屑做之事，肯説不願説之話，肯接不願交之人，其去平等智光不遠矣。

17、有所失而無悔者，如忽起一惡念，行一惡行，一經覺察，但知改過，能不戚戚後悔者，其入不二矣。倘誤以善行與惡行爲不二者，此屬魔見，又名癡愚，必入阿鼻。

18、見他人過在，不獨難入不二，亦障自己聖道而起驕慢，修道人所最忌。

19、用功切勿與人較量短長，應默察而自省之。

20、心如外馳，勢不能免，祇要能轉可耳。行者往往怕心被境奪，時時督住其心，壓住勿動，自以爲識神不用事矣，即可成爲智矣，不知識不異智，智即是識；無識則智無由建立，今硬分別智爲二，自詡其用功嚴密，真是鈍根笨漢，豈得謂爲明心？

21、衆生萬般苦惱，祇緣一亂字，亂由比量而起。見性人見、聞、覺、知了了，不動念時，心對境是現量，乃至動念分別時動而不動，雖比量而亦現量矣。常能如是者，名打成一片。

22、練心之法，祇於有礙中忍得過。譬如一切習慣，本無定義，本無不可，苦在自已已成爲習慣，自以爲非如此不可，遂不忍與自己逆，此礙之所以立也。倘忍得過，即無礙矣，因本來無礙也。故學佛乃大丈夫事，能忍得、能放下得，不與世俗同流，亦不與世忤，所謂和而不同，即超然入聖矣。

23、習氣來時，切勿就習氣上下手，便落對治而成壓制，祇要覺照；但覺照亦成習氣，故宜直捷放下，頓歸於空。能照顧本來實相，一切虛幻妄習，自銷於無形。是以覺爲方便，寂爲本來，兩皆不住可矣。

24、練心時，不問善念惡念，習氣非習氣，祇著意不得，祇是化除之，而化除之法：一勿當真；二勿迎而拒，迎則近於放縱，拒則入於壓制；三轉入他念，常思事有大於此萬萬者，犯不著用此無謂之心，觀自身尊重如佛，一落即成衆生，一空即成爲佛，一得一失，不可以道里計也；四觀一切皆如幻景，記《金剛經》末後四句；五觀地獄煩惱之可怖，地獄即由此而造成，日積月累，成爲大妄，貪、瞋、癡三毒，由是而堅固，可怕可怕。以上五條，爲對治之法，或誠爲習，不如直截了當，觀一空字，入於無礙，本來如是，此無修、無得、無證之意也。

25、練心在於刻苦用心，時時參究。善能利用其心，心要靈活、要深刻、要圓通、要不忘本來、要周密，但切切勿執；能用是菩薩，能空其用是佛。

以上二十五條是證體後自我鍛煉的方法，如界內煩惱斷盡，則證七信位，出分段生死。斷塵沙惑盡，則證菩薩十信位，即圓教鐵輪位，獲得六根清淨。

三、淨門的啓用法

從自我磨練至一定程度，則功能漸開，智照無礙。如斷習至三、四信時，有三昧樂正受意生身的出現，可以變化一個意生身，脫體而去，自由往來；如至八信時，就出現覺法自性性意生身，這時能自在幻化三個意生身，分別行於佛事；如至十信時，成就種類俱生無作意生身，此時無量變化，隨緣應現，已到難思的境域。至於神通，到七信位時，已經六通具足，應用自在了。

學者修至八信位，於三界內無法可學，但欲起用，必須轉到有學，學習一切世間學問，人情世故，藉此起大機大用，度化衆生。以下謹錄〈證體啓用〉中有關利他啓用法，以資參考：

1、得他心通者，端賴明因達果之機靈速，是以理事圓通不得思索，歷歷如見，全在定慧雙資，工夫純熟。此便是神通，並無何種神妙之可求。

2、機之遲捷在善用反面文章，練一無住工夫，簡言之，破見而已。例如人問何以得解脫？你即不可被解脫騙住，在解脫上立見解，應作活法，反問如何是縛？此是解脫卸法，宗下一切機鋒都是考試法，考試其心能否上當，不被境奪，能否不立見，察其機之利鈍，即可見其平日之證入，與照顧本來之力量矣。

3、宗下公案不許不答者，一在逼之進步；二恐其落斷滅也。學人自己，總以腳踏實地而心又空若太虛，方能應機。如對方一開口，即知其見落於何地，一面劈去其見，同時引出其病根而救正之，仍歸到本來上，此所謂利他以自利者也。此在刻刻用心，而又呆板不得。

4、得他心智者，在觀衆生機純熟，八萬四千心，無不應一一研究過，方可順機而轉。若偏於善則世上一切光怪陸離之萬惡，無由察知，終無法以度之矣，反受彼所攝，不覺與之同化。且慕善事，均屬煩惱，均不平等，智終無由啓發，充其量不過僅守住本分而已，大機大用，不能起也，度生云何哉？

5、練心即練機，得先機者，惟熟於因果之理而已。譬如有大病者，人對醫生，每以能回生爲能，不知先能使其不病，豈不更愈乎？是先化於無病，得機上者也。

6、練心當時時慈悲他人，勤於助道，於此中可以考察他人習性，即以練自己之觀機，關係至巨，不可忽也。

7、勸導他人，在識機而待之。識然後言，切勿性急，言勿過切，勿於稠人廣衆中，爲人言說。

8、勸導他人，第一須衡量對方於我信仰心如何。

9、勸導他人，在先衡量其地位及程度，可任其先說，待其病源，一一指出，諸病集中，然後下藥。

10、對方之根器與福澤，必先一一考究；再定塑進與順進之法。

11、說法不可就我，當就對方程度，切勿求玄妙、求奇特；先探其程度，齊爲開釋，使之領會，而根本處，要拿穩勿放鬆。

12、說法不可敷衍，寧可先從高處落墨，先以引之，如不相接，再俯就之。不可厭棄淺近之說，因學人自己意境已高，每每不可俯就，反使對方不能相接，此即不慈悲也。

13、說法時，切宜下氣，謙和以引之，未到相當信念之時，切勿用重語，反使其退後。

14、初說法時，宜練答問法。但答語不可平直，宜用開釋法，或反問法。如對方問如何可以解脫？你應先問他，如何是縛？開豁其心胸，然後分段爲其解釋，則可入矣。

15、全力注意對方，稱性而談，妙義自然而至，絕無預備。

以上所述啓用法，僅是活用中的部分規律，重點在於學人自己在度生中啓其妙用。真正的妙用並無一規定的教條，貴在以無住之心而應一切，活潑無礙，自在轉化。而當利他之功圓成時，自己的無明也由此而破，於是便進入初住乃至等覺而成佛。

四、淨門的圓證

天臺宗在證果上分爲分證與究竟證的兩段，時人也有加中證而爲三段的。六妙法門門門能通三段之證，而淨門的圓證可攝前五門的不同證相，玆分別述各門的證相而攝歸圓初住證。

㈠、修習者斷一分無明，證一分三德，顯一分三身，初獲一切種智，分得常寂光土，於其所證得無生忍慧，能於一念心中，數不可說微塵世界諸佛、菩薩、聲聞、緣覺諸心行，及無量法門，這是初住圓證數門的功德。

㈡、如能在一念心中隨順法界所有一切事業，無礙應用，無所虧缺，這是圓證隨門的功德。

㈢、若能在一念心中，入於百千三昧及一切三昧，虛妄的煩惱以及習氣完全停息，內心寂靜妙湛，清靜不動，這是圓證止門的功德。

㈣、倘能在一念心，覺了一切法相，無不一一觀察，明照無餘，內心具足種種觀照智慧，能自在遍觀，一切無礙，這是圓證觀門的功德。

㈤、如果在一念心中，通達一切諸法，因緣果報，了了分明，以神通轉變調伏衆生，使一切衆生返本還源，這是圓證還門的功德。

㈥、若能在一念心中，成就以上五種圓證功德，而心無染著，不被諸法之所染污，並以中道雙照的妙能，能淨諸佛國土，莊嚴、利樂一切，使一切衆生入三乘淨道，這是圓證淨門的功德。

初心菩薩證入如上的法門，如經中所説，也可以説是佛了。這時已得般若智慧，開如來藏，顯真法身，具首楞嚴大定，明見佛性，住於大涅槃，證入法華三昧不思議的一實相境界。已能在一百個娑婆世界八相示現，教化衆生。這是初段的證相。中段的證相是從二住以上的九住、十行、十迴向、十地、等覺共四十位。如與初段比較，功德更是不可思議，譬如初住能化百界，二住則化千界，三住萬界，如此位位增勝，妙用更爲廣大無量。到了等覺後心，進入後段證相。此時菩薩得一念相應的無上智慧，妙覺現前，窮照法界諸法性相，對六種妙門，究竟通達，功用普備，無所缺減，圓滿殊勝，此即是究竟圓滿六妙門的道證。

六妙門是現代修證佛法的最殊勝的妙道，如能認真依照妙法修習，一生必能證道果。如果惟事研學，不刻苦修習，則對於人生向上之道又有何益呢？

第二章　《六妙門》講義

第一講　序論

六妙法門是佛教禪學中的通法。

——由不同理論的指導，可形成凡夫、外道、二乘、菩薩，乃至一乘佛道的修證系統。

——由不同的根性修持，便有人天、羅漢、辟支佛、菩薩、佛的各種境界的果證。

——由各宗派的利用開發，便有天臺宗的六妙十大門、密宗六妙次第門、禪宗六妙方便門、淨土宗六妙念佛門以及氣功六妙養生門與心智開發門的各具特色的行門。

《六妙門》是智者大師根據原始佛教中的六妙法義，並結合自身甚深的修證體驗，開出了廣大微妙的六妙十大門。這一套系統嚴密的法門，包含了一切佛教禪法的精華，因此，可攝受不同層次的修禪者趣入禪道而無遺。

此法門既有次第進修的方便，又具圓超頓入的妙旨，故深淺同益，各得自在法樂，而且其簡約精妙的法要，絕非其他禪法可媲美，一旦掌握其體系後，便可左右逢源，一生修持不慮其不成就，所以如此易學易行的法門，對於事務繁忙的現代人來說，修習此法尤爲適宜。

此書曾於唐末兵亂之際遭毀，後從日本取回，歷史上雖屢有行者因修六妙門而得成就，但真正發揚光大，普遍弘傳，則有待於當今之世。

隋智者大師於都下，瓦官寺略出此法門。

天臺宗尊印度龍樹菩薩爲高祖，慧文大師爲初祖，慧思弘傳慧文大師之心觀法門，並發揚之，爲天臺之二祖。智者大師承前啓後，判教立觀，大弘其法，雖爲天臺第三祖，而實是創其大成，故後人稱之爲天臺宗，是與智者大師開法天臺山有關。

智者大師法號智顗，字德安，俗姓陳，生於梁武帝大同四年（五三八），寂於隋文帝開皇十七年（五九七），祖籍潁川（今河南許昌），後遷居荊州華容（今湖北監利縣西北）。智者大師十八歲出家學道，初從法緒、慧昨二師學律，後依光州大蘇山慧思大師學心觀法門，因閱《法華經》而悟道。此後奉師命廣弘天臺法門，成爲中國第一個宗派。《六妙法門》一書，就是大師在陳都金陵（今南京）的瓦宮寺寫出的，以便禪者的專攻與實修，但因當時側重廣學，故影響不及三大部與五小部之大，而近代以來，人們漸感窮一生精力研學三大部、五小部尚難領悟，更談不上依法實修，故轉向簡約精妙的法門而修之。《六妙法門》纔引起禪行者的興趣，影響也逐漸擴大，正是「法逢其時知音多」。

六妙門者，蓋是內行之根本，三乘得道之要逕。

六妙門究竟是怎樣性質的法門呢？智者大師在論文的開頭就開宗明義地指出：這個六妙法門，它是佛法心地內行的根本之法，是三乘根性的修行人進趣聖果的關鍵道行。

佛法分內行與外行，外行即外善根，如布施、持戒、聽經、讀誦、懺悔、禮拜、供養等，重在修福行善以及作爲進道的基礎的行門，均屬於外行。內行即內善根，是以定慧爲核心而進行的各種禪觀法門，其目的是調伏煩惱，改革習氣，開發本明，成就道業，因此，乃重在功德的圓滿與聖果的證取。

因爲六妙門是內行法中的根本之法，所以聲聞、緣覺、菩薩的三種聖道行人都不能離此法而得證道果。雖然聲聞有四諦法門，緣覺有十二因緣，菩薩有四攝六度，但據禪觀的簡約精妙與圓攝諸法而言，則六妙門完全能夠給三乘行人以進修的方便，使之速證道果。由此可見，六妙門乃是一切禪觀法門中的最極妙門，是直趨三乘聖果的捷要道路。

故釋迦初詣道樹，跏趺坐草，內思安般：一數，二隨，三止，四觀，五還，六淨。因此萬行開發，降魔成道。

一切佛法皆從佛果菩提大智海中之所流現。我們娑婆界的教主釋迦牟尼佛是怎樣修行得道的呢？早在兩千多年前，當經過六年苦行仍不得道的悉達多太子，便放棄苦行，放下萬緣，坐在印度尼連河畔的菩提樹下的吉祥草上，內思於安般之法。內思即摒棄一切雜念，關閉六根的分別，一心返照於內，專志地寂思於所修之法。安般法即是依呼吸道做下手工夫的一種辦法，爲攝心入禪、開發智慧的善巧之門。佛在《雜阿含經》裏曾這樣開示比丘們修安般念法。

諸比丘！此安般念——三摩地修習與多作時，實爲寂靜、殊勝，純粹與樂住，對已生的惡不善法即能消滅與寂止——世尊這樣贊歎之後說：「然而，諸比丘！云何修習安般念三摩地？云何多作？實爲寂靜、殊勝、不雜與樂住及已生惡不善法即能消滅與寂止？諸比丘！茲有比丘，去阿練若，或去樹下，或去空閑處，結跏趺坐，正直其身，置念面前，而彼（比丘）或念入息，或念出息：一、出息長時，知『我出息長』，或者入息長時，知『我入息長』。二、出息短時，知『我出息短』，或者入息短時，知『我入息短』。三、『覺知全身我出息』及『覺知全身我入息』，彼如是學。

四、『安息身行我出息』及『安息身行我入息』，彼如是學。五、覺知喜……。六、覺知樂……。七、覺知心行……。八、覺知安息心行……。九、覺知心……。十、令心喜悅……。十一、令心等持……。十二、令心解脫……。十三、觀無常……。十四、觀離欲……。十五、觀滅……。十六、『觀捨遣我出息』及『觀捨遣我入息』，彼如是學。」（《清淨道論》頁二四〇至二四一）

以上釋尊所教導的安般念又稱爲十六特勝，可以攝入六妙門中，亦可進一步攝入隨息法中。

那麼六妙門的原始意義是怎樣的？智者大師在《法界次第初門》中對釋尊在諸經中所闡示的六妙門作了扼要的總結，現錄於下，以作總體性的把握：

一、**數息門**：攝心在息，從一至十，名之爲數，行者爲修無漏真法，先須調心入定。欲界麤散難攝，非數不治，故須善調身息，從一至十，麤亂靜息，心神停住，是爲入定之要。故以數息爲妙門也。

二、隨息門：細心依息，知入知出，謂爲隨息。行者雖因數息心住而禪定未發，若強存數，則心有起念之失，故須放數修隨。入時知入，出時知出，長短冷暖，皆悉知之。因是則諸禪自發，故以隨爲門也。

三、止門：息心靜慮，名之爲止。行者雖依隨息心安明淨，而定猶未發，若心依隨，則微有起想之亂，澄渟安穩，莫若於止，故捨隨修止。是中多用凝心止也，凝心寂慮，心無波動，則諸禪定自然開發，故以止爲門。

四、觀門：分別推析之心，名爲觀。行者雖因止證諸禪定，而解慧未發，若住定心，則有無明味著之乖。故須推尋檢析所證禪定，是中多用實觀四念處也。若觀心分明，則知五衆虛誑，破四顛倒及我等十六知見。顛倒既無，無漏方便因此開發，故以觀爲門。

五、還門：轉心反照，名之爲還。行者雖修觀照，而真明未發，若計有我能觀析破於顛倒，則計我之惑，還附觀而生，同於外道，故云是諸外道計著，觀空智慧，不得解脫，若覺此患，即當轉心反照能觀之心，若知能觀之心虛誑無實，即附觀執我之倒自亡，因是無漏方便，自然而朗，故以還為門。

六、淨門：心無所依，妄波不起，名之為淨。行者修還之時，雖能破觀之倒，若真明未發而住無能所，即是受念，故令心智穢濁覺知，此已不住不著，泯然清淨，因此真明開發，即斷三界之結使，證三乘道。故云其清淨得一心者，則萬邪滅矣。以淨為門，意在此也。

由上所述的六妙門大意可見，佛在內思中進入淨門時，就證解脫之智，因此，忽睹明星而豁然大悟，證入涅槃境界，三明六通一齊開發，降伏諸魔而成佛道。在佛教中，將魔分為天子魔、煩惱魔、五蘊魔、病魔、死魔等五種，而以五蘊魔為根本，五蘊既空，則諸魔自除，故佛成道時當以淨門功能，除五蘊魔而得果覺。

當知佛為物軌，示跡若斯，三乘正士，豈不同遊此路？

釋尊的清淨三業，所作所為，是一切眾生依之修習的模範榜樣，因此，佛的智慧道德以及修證行門，都是三乘行人進趣菩提的軌則。釋尊應化娑婆世界的八相示現，其中成道之前的修持，正是用的安般妙門，佛示現的聖跡已是如此，那麼三乘正道的行者，豈能不遵循佛所示現的聖跡而依法學修呢？

智者大師在這段提示中，以佛的模範聖跡，來闡明六妙門，實爲解脫煩惱，成就聖果的妙極捷徑，依之學修，必得現前當來之大利益！

所言六者，即是數法。約數明禪，故言六也。

所說的六妙門的「六」字，就是指法的數目有六個。因此，是藉法的基本數目來顯明此禪的名稱以及所含的特質，所以用「六」來標稱。

約數即限定的數目，這裏是指禪法內容的基本數目。

如佛或約一數辯禪，所謂一行三昧。

從這段開始，智者大師列出十種因數立禪的禪法名相，來說明佛所說禪法，大部分都是根據禪數的多少，而標稱與顯明禪的特質的。

例如，釋尊以一爲基本禪數，而顯明禪法的有所謂的一行三昧等禪。

三昧是梵語的音譯，有「定」、「正受」、「調直定」、「正心行處」、「息慮凝心」等意義。心定於一處（事與理）而不動，或正受於所觀之法，使心念中的暴、曲、散等不良因素，得到調伏改善，便是三昧的基本含義。如以正受的修證體驗來說，當一個修行者明見心性，心無所住之後，便能在根塵相對之中，不再被苦樂、是非、善惡、事理等一切境界惑亂，見境無心，安住不動，不受一切受，此即三昧的正受義。

一行三昧是佛教的根本三昧，又稱真如三昧或一相三昧，是指心定於一處（事、理）而專行的三昧之法。分爲事一行三昧與理一行三昧的二種修法。

理一行三昧，是在禪定心中，觀照真如性體的平等一理。如《文殊般若經》中說：「法界一相，繫緣法界，是名一行三昧……入一行三昧者，盡知恆沙諸佛法界無差別相。」馬鳴菩薩在《起信論》中也進一步指出：「依是三昧故，則知法界一相，謂一切諸佛法身，與衆生身，平等無二，即名一行三昧。當知真如是三昧根本。」而六祖大師以其宗門的活潑靈妙，又以無分別的直心來顯此一行三昧：「若於一切處，行、住、坐、臥，純一直心，不動道場，直成淨土，此名一行三昧。」（見《六祖壇經》）。由此可知，理一行三昧是緣實相理而直入真如法體的一種修持方法。

事一行三昧，實際上就是念佛三昧的異名。如《文殊般若經》裏曾闡釋說：「若善男子、善女人，欲入一行三昧，應處空閑，捨諸亂意，不取相貌，繫心一佛，專稱名字，隨佛方所，端身正向。能於一佛，念念相續，即是念中，能見過去、未來、現在諸佛。」但通過事一行修持，而成三昧的禪法不止一種，凡專修一事一相的法門，都可納入一行三昧中。不過念佛三昧爲一行的特徵特別明顯而已。

或約二數，謂一止二觀。

如以二的基本數作立禪標法的禪門，則有止與觀的修持方法。

止與觀即奢摩他與毗鉢舍那的二大禪行，也有事與理的不同。而且各宗就止觀上的立義也不盡一致。如天臺宗就有繫緣止、制心止、體真止、方便隨緣止、息二邊分別止等止法及空觀、假觀、中觀等觀法。其中又分次第觀、圓融觀以及十乘觀等的善巧建立。

關於止觀的重要意義，智者大師曾在《修習止觀坐禪法要》一書中扼要地闡述說：

若夫泥洹之法，入乃多途，論其急要，不出止觀二法。所以然者？止乃伏結之初門，觀是斷惑之正要。止則愛養心識之善資，觀則策發神解之妙術。止是禪定之勝因，觀是智慧之由藉。若人成就定慧二法，斯乃自利利人，法皆具足。

這止觀二法，組成了佛教禪法兩大修證功能，猶如汽車的兩個輪子，鳥的兩隻翅膀，推進了車或鳥的向前馳行，以至到寶所而後已。因此，元照大師讚歎道：「若夫窮萬法之源底，考諸佛之修證，莫若止觀。天臺大師靈山親承，承止觀也。大蘇妙語，悟止觀也。三昧所修，修止觀也。縱辯而說，說止觀也。故曰說己心中所行法門。則知臺教宗部雖繁，要歸不出止觀。捨止觀不足以明天臺道，不足以議天臺教。故入道者不可不學，學者不可不修。」

由此可知，止觀法門關係佛法的存亡，以及衆生的修證，是何等重要！

或約三數，謂三三昧。

如以三爲基本數而構成的三昧禪法，則有「三三昧」。「三三昧」是由空、無相、無願（舊譯無作）構成的三種有漏禪定，以此對治三障而證得三解脫門的無漏聖果。

「三三昧」修習方法如下：

一、空三昧：這是與苦諦的空、無我，二行相相應的三昧禪法。以有漏智觀照諸法緣生無我以及無我所有，從而空掉對五蘊有我的主宰與我所擁有諸法的妄執，進入無我我所的空解脫門。

二、無相三昧：這是與滅諦的滅、靜、妙、離的四行相相應的三昧禪法。以無相爲緣而起觀照，了達涅槃離色、聲、香、味、觸的五法，與男女二相，以及生、異、滅的三相有爲相的十種相狀，從而證入無相解脫門。

三、無願三昧：這是與苦諦的苦、無常、二行相、集諦的因、集、生、緣四行相相應的三昧禪法。修此三昧的觀念是認爲苦諦的苦、無常及集諦等行相的可厭惡生，又明見道諦的道、如、行、出的四行相猶如船筏，到岸之後，也必須捨棄，方能登岸，因此，對道諦諸法也不願樂執著。以這種觀念爲緣而起觀照，不生願求執著的心理，便能由此而證入無願解脫門。

除上述的三三昧外，又有所謂的空三昧及密教的三三昧等。

或約四數，所謂四禪。

如以四爲基本數而立禪的則有四禪定法。

在佛教禪定中談得最多的是四禪定，因爲它既是內外道共修的法門，也是進入各級高層次禪定的必經禪態，於中可以得禪悅、開智慧、成各種三昧妙德，因此，是根本禪法之一。

四禪有正、邪、偏之分，現先據正禪的禪態發展過程來闡述其各種相狀。

一、初禪的前行：未進入初禪之前，有四個層次的進展。第一是麤住，如《摩訶止觀》卷七・九之三中說：「若身端心攝，氣息調和，覺此心路，泯然澄靜，帖帖（順從、穩當之意）安穩，躡躡而入，其心在緣，而不起馳散者，此名麤住。」第二是細住，在麤住的基礎上，進一層安穩，較前更爲深細帖帖，即是細住的禪態。第三是欲界定，智者大師又提示說：「兩心（麤、細二住）前後，中間必有持身法，此法起時，自然身體正直，不疲不痛，如似有物扶助身力。……或一兩時，或一兩日，或一兩月，稍覺深細，豁爾心地作一分開明，身如雲如影，照然明淨，與定相應，持心不動，懷抱淨除，爽爽清冷，雖復空淨而猶見身心之相，未有支林功德，是名欲界定。」第四是未到地定，智者大師又說：「住欲界定，或經年月，定法持心，無懈無痛，連日不出，亦可得也。從是心後，泯然一轉虛豁，不見欲界定中身首、衣服、牀鋪，猶如虛空，冏冏安穩，是名未到定相。」

從未到地定後，漸覺身心虛寂，內不見身，外不見物，這樣經過一日乃至一月一年，如果定心不遭破壞，就可以進入初禪的境界。

二、初禪：在上述未到地中，如覺得身心微微地產生運動，發出動、癢、輕、重、冷、暖、澀、滑的八觸現象，這八觸的出現是因爲進入初禪時，色界的四大極微與欲界的四大極微進行轉換，在麤轉細的過程中，便發生了身心微妙的觸相，同時，當觸相出現時，還會表現十種的支林功德：空、明、定、智、善心、柔軟、喜、樂、解脫、境界相應。智者大師對十功德作了如下的詮釋：

㈠、空：空者，動觸發時，空心虛豁，不復同前性障未除時。
㈡、明：明者，冏淨美妙，皎皎無喻。
㈢、定：定者，一心安穩，無有散動。
㈣、智：智者，不復迷昏疑惘，心解靜利。
㈤、善心：善心者，慚愧信敬，慚我不曾得此法以爲愧恥，我今尚爾，信一切賢聖具深妙法，敬揖無量。
㈥、柔軟：柔軟者，離欲界憔慨麤獷，如腦牛皮，隨意卷舒。
㈦、喜：喜者，於所得法，而生慶悅。
㈧、樂：樂者，觸法娛心，恬愉美妙。
㈨、解脫：解脫者，無復五蓋。
㈩、境界相應：相應者，心與動觸諸功德相應不亂，又念持相應而不忘失。

這是就動觸而論的十功德，其餘七觸雖悅樂有異，但其基本的功德大致一樣。

三、二禪：初禪的八觸功德相及禪態的感受失去後，即發生了中間定，也叫轉寂心，或退禪地。在這單純的靜心中，既已失下地的初禪境前，又未進入二禪的禪態，假使心生憂悔，便連單靜寂心也即失去。如能不悔，則內淨即發，不再受納八觸的分別，所以又叫一識定。此時混四大色成一淨色，照心轉淨，與善俱發，便進入了二禪的禪態。

四、三禪：因二禪的喜是陣發性的，而所生之樂又不安定，所以在二禪態中，應訶責喜的過失，不著其相。喜動消失後，便進入未到地定。在此定中忽發三禪，三禪的覺受重點是樂。這與三禪同時生起的樂，不是以法轉妙，也不是依靠喜而生樂。此三禪之樂是充滿全身的所有毛孔，所謂大樂充遍身。此禪妙樂，最易令人耽著。因此，祇有聖人能捨此樂而不著，凡夫則非常困難。

五、四禪：三禪雖然妙樂無比，但仍對苦而受樂，如能訶斥對樂的耽著心，即能離開樂的覺受，此時即進入未到地定。未到定去後，即進入四禪的不動定。此四禪也是色法轉妙，不再被苦樂境界所動，所以叫做不動地定。在此定中，定法安穩，出入的呼吸也已斷除，既無苦也無樂，捨棄了一切覺受而得清淨。

以上四禪的功德作用，可以用十八支功德法來表述。見下表：

禪位	支林功德
初禪	覺（尋）、觀（伺）、喜、樂、一心
二禪	內淨、喜、樂、一心
三禪	捨、念、慧、樂、一心
四禪	不苦不樂、捨、念、一心

或約五數，謂五門禪。

就五的基本數目立禪的名稱，則有五門禪法。

關於五門禪的修持方法，有一卷《五門禪經要用法》，論述頗爲詳細。五門禪即小乘七方便中的五停心觀法，分別以五個方面來作對治觀：多貪者修不淨觀，多瞋者修慈悲觀，多癡者修界分別觀，多散亂者修數息觀，障重者修念佛觀。天臺大師又依圓教義而立圓五門禪，即：「諸法畢竟不生不滅是無常義，畢竟無苦無樂是苦義，畢竟非空非有爲空義，畢竟非我無我爲我義，畢竟非滅非不滅爲寂滅義。」以此雙非的五門而顯中道的實相禪，所以稱此爲圓五門禪。

或約六數，謂六妙門。

如以六的基本數來立禪的名稱，則有數、隨、止、觀、還、淨的六妙法門。

或約七數，謂七依定。

七依定是依七處而修禪定的禪法，又名七處善。第一步是觀色爲苦，第二步是觀色爲集，第三步是觀色爲滅，第四步是觀色爲道，第五步是觀色爲愛味，第六步是觀色爲過患，第七步是觀色爲出離。其中前四步是觀色的四諦，第五步觀色的愛味，是進一層觀色的現前集起，第六觀色的過患，則是重觀色的現前之苦惱；最後觀色的出離，則是解脫之智在色上的體現，即是滅諦的重觀。觀色之後，在受、想、行、識的四蘊上也各觀七處，便成爲三十五種觀法。但其基本法仍是七處，所以唯立七處善。

或約八數，謂八背捨。

如以八的基本數來立禪的名稱，便有八背捨的禪法。

八背捨是小乘觀禪中的初門，新譯爲八解脫。出世間禪基本上可分爲八解脫，八勝處、十一切處的三個層次，通過這初、中、後的三層修習，就可以遠離三界的貪愛而成就解脫道。龍樹菩薩在《大智度論》卷二之十中說：「背捨爲初門，勝處爲中行，一切處爲成就也。三種觀足，即是觀禪體成就。」

八背捨從何處開始修？當行者進入初禪之時，方能起背捨之觀修。現將八背捨修持過程介紹如下：

一、內有色想觀外色解脫：內身有色想之貪，爲了除滅這個貪色之心，先觀身外的不淨青瘀等色，起厭離心，使貪念不起，獲得初步的解脫。這一層解脫就是依初禪定而起，所緣的是欲界的精色。

二、內無色想觀外色解脫：內身雖無色想之貪，但爲了使這一淨念更加堅固，進一步觀身外的不淨青瘀色，使微細的貪念也不生起，獲得更加清淨的解脫。這是依二禪而起的觀修，所緣的是初禪的不淨細色。

三、淨解脫身作證具足住：這是依第四禪而起觀修的方法，所緣的雖是欲界之色，但已轉爲可愛的淨光，所謂瑩淨光明身相。因爲所觀的是淨色，所以叫做淨解脫。在定中已除去了不淨的可憎之相，唯觀八色等光明及清淨光潔的妙寶之色。觀淨色之時心中不生貪愛，說明觀想已進一步轉向勝妙，於是便證得淨性的解脫在淨色身之中，所以稱做身作證。在進入這第三解脫之位時，具足圓淨性的解脫功德，而能夠常住於此定，所以又稱爲具足住。

四、空無邊處解脫。

五、識無邊處解脫。

六、無所有處解脫。

七、非想非非想處解脫。

以上四觀是依四無色定而起，各於所得的禪定上觀苦、空、無常、無我而生厭離之心，於是棄捨其執著，所以各各稱之爲解脫。

八、滅受想定身作證具足住：滅受想也即滅盡定，是在無色界第四層禪定中，棄捨了非非想的一切所緣境後，進入了解脫。

在八解脫的觀修中，各有一個勝處，便形成了八勝處的中行法。

或約九數，謂九次第定。

如就九的基本數而立禪，則有九次第定的禪法。九次第是一種連續升進的禪法，即從一層禪定升進另一禪定時，中間不生異變心理，故無遲滯與異變。九次第定包括四禪定、四無色定與滅盡定。如《大智度論》卷三十一說：「九次第定者，從初禪起，次第入第二禪，不令餘心得入。如是乃至滅受想定。」

或約十數，謂十禪支。

這是最後一個以十的基本而立禪的例子，即十禪支的禪法。

十禪支也就是十一切處。處即是所觀的處所，共有十種，即青、黃、赤、白、地、水、火、風、空、識。十禪支的修習方法是先據十處的要求取一適當於修習的「相」，然後安住而起觀，當出現「似相」之後，即等持其心於廣大淨妙的「似相」上，久久自得聖果。

這十種禪處，前八種是從八解脫中的第三解脫觀色清淨中引發出來的；後二者則是以空無邊與識無邊處定爲所依，緣其受、想、行、識的四蘊而起觀。

如是等乃至百千萬億阿僧祇不可説諸三昧門，悉是約數説諸禪也。

智者大師在列舉了十數的禪法之後，又總結說：不但上述的十大禪法是基於某種數目而立名稱的，就是百千萬億無量無數的不可說的一切三昧法門，也完全是約數來闡明禪的特質的。

雖數有多少，窮其法相，莫不悉相收攝，以衆生機悟不同，故有增減之數，分別利物。

雖然在數的基本內容上建立詳盡的「多數禪」與「少數禪」，但是如果窮盡觀察一切禪法的功能與相狀，也就了知没有不相互融通與賅攝的，這是基於衆生的根機與悟性的不同，所以纔出現了變化多端的增數和減數，以適應各類衆生的需要，使其得到相應的利益。

在禪法的歸類上，大致可分爲世間禪、世出間禪、亦世間亦出世間禪，和非世間非出世間禪的四大類。這四大類的特質各有不同，以其所側重的範圍與層次有差別。而禪類之下的禪支數目，則完全是視對象來確定。

由此可知，禪是衆生的心行，在教授時應根據修持的進展情況來分別指導，逐漸引入到最佳的禪態，纔能取得理想的效果。

今言六者，即是約數法而標章也。

現在所要論述的六妙法門，就是採用數的基本特徵來命名的一種禪法。這是智者大師在以上例證之後，又回歸到六妙門的本課題上。

妙者，其意乃多。若論正意，即是滅諦涅槃，故滅四行中，言滅、止、妙、離。涅槃非斷非常，有而難契，無而易得，故言妙也。

妙的意思很多，如不可思議、絕待、無比等等。《法華玄義》卷一對妙字作了解釋：「妙者，褒美不可思議之說也。」《法華游義》也說：「妙是精微深遠之稱。」由於「妙」的意義極深，所以智者大師就此一字就講解了九十天，可見其廣博深遠了。假如就祇妙門的妙字義而論，所指的就是「滅諦涅槃」。

涅槃的意義有滅、滅度、寂滅、不生、無爲、解脫、安樂等。

因此，涅槃乃是修行者通過一系列的道品禪慧後所進入的一種超越後有、永絕心相的永恆性的清淨安樂的解脫狀態，而不再受五欲的迷惑，常處於無爲的寂滅之中。可見涅槃的狀態，既不是斷除心識活動的枯木死水，也不是凡夫耽著世情妄見的執著心理，它是心靈得到解脫之後，所呈現的一片清淨光明而又靈妙無比的自在風光。由於發心、修行的程度不同，所以證得的涅槃也有階梯，一般分爲四種涅槃：

一、本來自性清淨涅槃：雖有客塵煩惱，而自性清淨，湛如虛空，離一切分別之相，言語道斷，心行處滅，唯有真聖者內自所證，原爲寂靜，所以稱做涅槃。

二、有餘依涅槃：斷盡三界煩惱障礙後，顯發了真如，但有漏的依身仍在，卻絕無身心的執礙，所以稱做涅槃。

三、無餘依涅槃：此時有漏無苦身也已永離，灰心滅智，更無後身。

四、無住涅槃：菩薩證圓教初住時獲得因中涅槃，所知障已斷，故在世間而不染，在出世而不住，悲智雙運，空有雙泯，中道任運，自在無礙，所以稱爲無住涅槃。

如果在無住涅槃上不斷升進與圓滿，則即圓成自性清淨大涅槃的無上果德，即是究竟的涅槃境界。

涅槃有四種行相，即滅、止、妙、離。滅是滅除了生死的因果法；止（也譯為淨）是寂止了一切的惡不善法；妙指安樂美好；離是離三界生死得無所縛的解脫。這僅就小乘而論四相，大乘則因義理深玄，於六妙門第十章中再分別解釋。

這涅槃的境界，既不是斷滅心智的狀態，更不是外道的梵我常計。因此，在修禪之時，不要以有爲的執著心去追求，它是「有而難契」的。衹有以無住無著的般若智慧，方能悟證，所以說是：「無而易得。」因此，所謂妙，也就是修行者在用功時以善巧的心智與法的相應，由此相應的心智法用便逐漸解脫妄執，契入涅槃的真實境界。

可見如果悟了無為無著的道理，然後去修習六妙法門，則必能事半功倍，迅速獲得大利益。

六法能通，故名為門。門雖有六，會妙不殊。故經言：「泥洹真法寶，衆生從種種門入。」

數、隨、止、觀、還、淨的六種禪法，是能夠使修行者通至涅槃城的方便，所以稱為門。方便之門雖然有六種，但是會歸到涅槃妙城卻是沒有差別的。因此，經中開示說：「泥洹真法寶，衆生從種種門入。」泥洹是涅槃的異譯，其義是一樣的。修行有門外與門內的不同，沒有得到禪的體驗和受用的，均屬門外漢，如能通過禪法的正確修習，打開了關閉著的門而進入了門內，自然得著新的一番安樂境界，而享受其法的妙樂了。

由此可知，涅槃是所有真正修行者所企望到達的真實境界，因此，是一切法中的至寶，而此涅槃的至寶，須通過種種法門的熏修方能從門而入，至於入門之後的無盡受用，祇有親證者方知了。

此則通釋六妙門之大意也。

以上所述的僅是一般性地解釋六妙門的大概意義，至於其中深妙的修證因果，將在下面的十個章段中詳細闡釋。

六妙門大意有十。

智者大師根據佛的本意與自己的體驗，以及衆生的機悟的深淺程度，而善巧設立的一套嚴密的禪修系統，因此，賅攝面非常廣泛，其中的變化亦無窮無盡。如能深研體會十章中的妙旨，於自修與利人，均可應用有餘，不慮其不成就。

第一、歷別對諸禪六妙門

此章用六妙門的各個禪法，通過一切禪的品類，一一進行歸類闡明，使行人對六妙門的功能及賅攝面，有一定的認識，從而產生信心。

如此章中用「數」法來對四禪八定；用「隨」門對攝於特勝禪；用「止」門對攝於五輪禪；用「觀」門對攝出世間的觀、煉、熏、修的禪法；以「還門」對攝於三解脫、道品、四諦、十二因果、中道正觀等禪法；以「淨」門對攝於出世間上上禪等。這裏就六妙門的對應關係與出生功能而羅列的各種禪法。

第二、次第相生六妙門

此章闡釋六妙門的次第修證方法。是六妙門的系統中基本的修持法門。其中每門均有「修」與「證」的兩個階段，經過修的階段而進入證的狀態，又從證的狀態轉入下一門的修的階段，如此步步深入，一直到淨門證相爲止。

第三、隨便宜六妙門

此章闡釋行者通過合理的反覆選擇，得出自己安心適意的一法而進行專修，如中途出現變化，再進行選擇體驗，直至圓滿成就。

第四、隨對治六妙門

此章專就六妙門的六種功能來對治三障。如：用「數、隨、止」的三門來對治報障中的散亂、昏蔽、身心急迫等麤散動等失調態；用「觀、還」二門對治煩惱障中的貪、瞋、癡、邪見等心病；用「淨」門對治業障中的黑暗、惡念、惡境等的身心逼迫態。因此，這裏專就修行過程中發現的障礙而採用的特殊對治法，三障若除，功德也就自然顯現。

第五、相攝六妙門

此章闡釋六妙門的自體相攝與勝進相攝的兩種功能。自體相攝是說明修一數門時，同時能體會到其餘五門的禪法；而勝進相攝則從數門開始起修，再層層深入其他五門的禪法；而勝進相攝則從數門開始起修，在層層深入其他五門的禪法時，又不必捨棄數法。這裏從兩種相攝之義，顯示六妙門在修持時的微妙功能的互相攝受性。

第六、通別六妙門

此章敍述凡夫、外道、二乘、菩薩的四大種性在修持六妙門時，因智慧等的差異，所得的果證也即顯示各種不同的層次。而根性雖有差異，所歸之處，無不以空爲究極。

第七、旋轉六妙門

此章專就菩薩不共的修證法門來闡釋六妙門的旋轉妙用。即菩薩在六妙門中從空出假，不斷開發妙能，證得道種智的種種旋轉而進的方便。

第八、觀心六妙門

此章闡述大根性人唯心觀法，以悟達一一六妙門皆從心出，而又以其妙門的無窮功能，一一返歸自心。依此修持，則能速成大智妙用。

第九、圓觀六妙門

此章正述天臺圓教的無上圓修妙門，正對利根人士，開大圓解之後，以廣大心量，圓觀一一妙門，一即一切、一切即一的無盡法藏。一旦悟證於一一境中之即空、即假、即中妙義，則不可思議實相境便得現前。其所成就，則爲普現色身三昧等初住以上的無量應化妙用。

第十、證相六妙門

此章是上九章的結歸，主要敘述四種證相：一、次第證，即第一、二門中的證相；二、互證，即第二、三、四、五、六門中的回互不定證相；三、旋轉證，即第七門中菩薩妙假之證；四、圓證，即第八、第九門中的觀心與圓觀所獲的相似與真實的兩種證相。

以上是六妙法門的序論部分與章目的基本意義。

第二講　歷別對攝諸禪定的六妙門

這是十種六妙門中的第一部分，分別以六妙門的六個不同功能，來各各對攝佛法中的所有的禪定層級與品類，從而顯明六妙門的廣大微妙的開發功能與禪類特色。

以下開始依智者大師的原文講述其妙義。

釋第一歷別對諸禪定明六妙門，即為六意。

「釋」即闡釋發揮之意。為了使修習六妙門的人，對其功能有深刻的瞭解，所以首先要闡釋六妙門所含攝的各種禪品。「歷」是遍之義，即一個一個地，遍及諸法；「別」為區分的意思，即把各禪支分門別類。如此一個一個地把各法、禪支分門別類地納入六妙門的功能之下，以顯明其特殊的作用，即是本節要闡釋的內容。因六妙門的差異，就把它分為六個層次來闡釋。

一者依數爲妙門。行者因數息故，即能出生四禪、四無量心、四無色定。

在六意之中，第一先闡釋依數息而成就妙門的禪修功能。修習禪定的人，因爲用數息的方法而使心念不亂，由於心波的平緩，免除了來自內外的干擾，就深入了禪寂之中。在心心轉細轉微之後，如是便能出生四禪定、四無量心和四無色定的十二門禪，成就世間禪的全部功能。

有關四禪的基本正相，已經解釋於前，以下再就：一、如何在得了禪定之後保護不退？二、在那一禪中可以悟道？三、怎樣識別禪定中的邪僞相？三個方面的問題進行論述。

一、如何在得了禪定之後保護不退？

初得禪定的人，因爲體驗不深刻，經驗不足，又加以沒有足夠的智慧，以及缺乏明師的指導等因素。所以習禪者在懂得四禪的正確禪態的有關特徵外，還須明瞭禪修過程的退、護、住、進的四法要。這四法要是從最初的麤住心開始，一直到非想處定，都有可能出現，但初禪因離欲界最近，所以退轉的可能性也更大於上界的諸禪。

㈠、退義——在禪定中有那些因素纔會退轉？

一般來說，退轉的情況有兩種：一是任運退；二是緣觸退。由於禪修的基礎不夠，定力不足，在偶然的機緣下進入禪定後，卻無定力維持，所以不等待內外諸緣的干擾，就自然地失去禪定，退轉下來了，這就是任運退。緣觸退則是在相當定力之中，如果能按正常地慣性修下去，就能不斷地進步。但是如遇到內外的不良因素的干擾，那就有退轉的可能。如外在的二十五方便沒有作適當的維護，或者因爲吐納的練習產生逆反，使禪寂之心因失去依賴入禪的外在條件而無法入定。內在的觸緣則是在靜定心中，不自覺地出現煩惱障、業障及報障與四魔等的干擾，而使內心產生憂惱或貪愛。在這些內緣的觸動之下，禪定也隨之失去。一旦失去之後，其中除一部分善於用心的人外，一般就很難再修習到原來的禪定了。

㈡、護義——那麼，怎樣纔能護持禪定而不退失呢？

一是要在平時注意二十五方便的攝養，尤其是對於息道的保護與心念的調適，盡量減少外界的干擾，同時要在初入禪期間注意休養，一心涵養以使不退。二是在將入禪或已入禪時，不要起分別執著心，以無住之心而任運入禪；如在禪心中出現三障四魔等障礙，也要善於轉化與對治，直至障去魔空爲止。總之，禪定是由於攝心而入的，所以得禪之後，要重視內外因素對心念的影響，盡量使心念常處禪態之中，如此纔能使定心不遭損失破壞。

㈢、**住義**——由於守護得比較好，在所得的禪定上就安穩地「住」了下來。這就像從一個破舊的房子，搬進寬敞舒適的新居一樣，可以安穩地享用其中的一切。也有的人不用守護，一旦入禪，就能穩住下來。這是由於根性較好，心力很强，所以一進入禪定，便自然而然地穩住了下來，不再動搖。

㈣、**進義**——禪定的修習是從淺至深的，因此，不能僅止於住下來就完事，還要不斷地升進與微細化。有些根性利者，是自然地層層升進上去，以至成就。但大多數人，則是需要精進策勵後方能升進。在禪的升進意義上，又分爲漸進與頓進的二類。漸次從初禪乃至非想處定的步步升進的是屬於漸進；在初禪的定中頓時能超越所有禪的層級而進入非想處的，是屬於頓進之類。

二、由戒生定，由定開慧乃是佛教的三學次第。那麼，在那種禪定中纔會開發智慧？所謂開智慧乃是指見道之慧，三界諸禪均可以見道，但欲界定較難，四禪最易，而空無邊、識無邊及無所有處的三定則較少。現在處於末法時代，衆生根性差、事務忙，入深禪定較難，因此，以下重點說明欲界定的開慧情況。

佛在《遺教經》中說：「若見電光，暫得見道。」因爲欲界定能在刹那中，心空塵消，見到道體，所以又稱爲電光定。在《成實論》中也指出：「有欲界定，能發無漏，無漏發疾，猶如電光。」說明在欲界定中，如果根性與機緣的湊合，就可以發無漏智而見道。這就如阿難尊者一樣，在修禪時由於策勵其心太過勇猛，反而禪心成礙不發無漏，後來放下心時，因取枕頭而即刻進入電光定發無漏智。由此我們可以知道，有些禪行者，所入禪定並不深，但確能在某一因緣時節到來時，豁然開悟見道。因此，我們要重視欲界定的保養與慧觀，以藉此打開本性，悟見真道。

三、關於禪定的邪相問題。禪相的正邪，向來是很難辨別的，在各宗中，唯天臺宗對此有極詳盡的論述，這與天臺法門注重實踐的精神分不開。智者大師在《摩訶止觀》與《漸次止觀》及《小止觀》中，都對邪相的有關方面展開了論述，玆錄出《摩訶止觀》卷九中初禪的邪相以資參考：

邪觸者，還約八觸十功德明。若過若不及，如動觸起時，直爾郁郁，不遲不疾，身內運動。若還自急疾，手腳搔擾，是太過；若都不動，如被縛者，是則不及，餘冷暖等亦如是。

又，就動觸空明十種論。若過若不及、此中之空，祇豁爾無礙，是為正空。若永寂絕，都無覺知者，太過；若鏗然塊礙，是不及。明者，如鏡月了亮。若如白日，或見種種光色，是太過；若都無所見，是不及。定者，祇一心澄靜。若縛著不動，是太過；若馳散萬境，此不及。乃至相應亦如是。是為一動觸中二十種邪相，餘七觸合前，則有一百六十邪法。

初禪離欲界近且仍帶有欲界心，所以在進入禪態時，如開門戶，賊很容易進入。初禪的邪相是鬼入禪中，但禪的本身並非鬼所作，因此，一旦禪定失去，就唯留邪鬼在身，即成附體之類。如某青年來信說，每次入定時，身緊不自由，有塊然之感，這就是已入邪觸的邪定之相了。

瞭解了邪禪之相後，就可以在入禪時進行智慧抉擇，如是邪相就應訶責以除之，不使身心入邪途。

其次，數息法門在四禪之上，又能出生四無量心。這四無量心是普緣衆生引發無量之福的清淨解脫與菩薩的利濟大行。其基本的修法如下：

一、慈無量心

不厭惡一切有情與爲求有情的利益，而盡量在禪定中給予衆生快樂之心。其禪心便進入無怨無惱，悅心適意，善修得解，定心分明，並轉入深定而得解脫。

二、悲無量心

觀察一切有情的痛苦生起悲愍與不堪有情的痛苦，而在禪定中發起拔濟衆生痛苦之心。

三、喜無量心

觀察一切有情由於各種可喜的原因，而生喜悅與希望有情持續其殊勝的希望，而在禪定心中生起慶悅之心。

四、捨無量心

心中不思慮苦和樂等等的差別，與對一切有情以無偏無倚而在禪定中起平等之心，不住著於一切作爲。

四無量心有修習所得與定中開發的兩種，而數門則偏重於後者。又就定中所緣的程度分爲三等：緣親人爲廣，一般人爲大，有怨之人爲無量；又緣一切衆生得樂爲廣（餘三亦然），四維爲大，十方名無量。

最後是四無色定的禪支，玆略釋如下：

一、空無邊處定

禪心脫出色的牢籠，進入虛空而住，與空無邊相應。這通常由慈無量心而得入。

二、識無邊處定

禪心住於虛空後，生起厭捨虛空而緣內識，對心識生無邊之解，與心識相應，於是便住於內識而寂靜不動。一般由悲無量心而得入。

三、無所有處定

禪心因厭識近於虛空，而對無所有處產生寂靜自在的心念；於是觀心無所有，到了心與無所有相應時，便安住於無所有之中，通常可由喜無量心而得入。

四、非想非非想處定

禪心住於無所有處後，仍覺得不夠寂靜，於是欲求非想非非想處的寂靜境界，便捨去前識處定的有想，又捨前無所有處的非想，如癡如醉，如眠如暗，無所愛樂，泯然寂絕，清淨無爲。此定一般可由捨無量心而得入。

以上所述十二門禪，都可以由修數息法門而得開發，因此，息道工夫具有特殊的攝心入定的功效。

若於最後非非想定，能覺知非是涅槃，是人必定得三乘道。

如果修禪的人能依數息法門，進入十二門禪裏的最後一門非想非非想處定時，能夠不迷執於虛妄之禪，而以智慧之心覺知此所住禪定之處，仍是生滅之法，並非是涅槃的寂滅境界，於是窺破禪定中的陰蓋，脫出最後一層的牢籠。那麼，隨著三乘人的根性與發心，都能證得三乘的聖道果。

何以故？此定陰、界、入和合故有，虛誑不實，雖無麤煩惱，而亦成就十種細煩惱。知已破折，不住不著，心得解脫，即證三乘涅槃故。

「何以故」，是徵究上述得道的原因。陰是色、受、想、行、識的五種陰覆障蔽本明的虛妄法；界即六根、六識、六塵的十八界；入即十二入。縱然修到非想非非想處定，而此定所形成的因素乃是五陰、十八界、十二入的相互和合，假如離開了因緣與彼此的相互作用，那麼這禪定也就立即失去。所以，究實而言，此定並非真實，因此，是虛妄的假相，其體不真。修禪者安住於此定時，雖然意識不到煩惱——即沒有麤煩惱的泛起，但是仍然具足十種細的煩惱。十種細煩惱即：貪煩惱、瞋煩惱、癡煩惱、慢煩惱、疑煩惱、取見煩惱、戒禁取見煩惱等。十煩惱有麤細的不同，欲界以下的煩惱屬麤心所生，而色界以上由於定心轉細，煩惱的表現也極微，一般難以察覺。如果在禪定之中，能覺知本質的虛妄性與煩惱的流注，既不住於禪的安樂虛妙，也不著於禪的變化流注，於是在離開禪的妄境之後，其心便得到了解脫。而解脫之道即是涅槃的現量之故，所以說：「即證三乘涅槃故。」

從禪定的伏而不斷的一面而論，雖然在非想非非想處定中，可以住時八萬四千劫，但因爲無慧解脫的原因，當定力一衰，福報一去，則原先的煩惱種子與各種業力，又將其推向下地，重新開始苦難的流轉。由此可見，佛教的中心乃是智慧，沒有智慧，決不可能斷惑證真而解脫生死，圓成道果。

此義如須跋陀羅，佛教斷非非想處惑，即便獲得阿羅漢果。

在非非想處斷惑證真的意義，可以舉須跋陀羅的證道因緣來證明。佛在臨涅槃之前，有一位叫須跋陀羅的外道來求佛開示。釋尊接受了他的請求，開始教他如何斷非非想處的方法，他聽了法之後，在禪定心中馬上作智慧觀察，於是在佛的座下立刻證得了阿羅漢果，成了佛住世時的最後的一個弟子。

數爲妙門，意在於此也。

數息的功能不僅僅能夠出生十二門禪，最重要的是能夠通過十二門禪的體驗而解脫煩惱，獲證三乘的涅槃。所以數的法門能夠通至涅槃，其意正在於此。

二者隨爲妙門者，行者因隨息故，即能出生十六特勝。

第二是闡釋隨息的修證妙門的發禪意義。修習禪定的人，因爲依呼吸的出入而作「隨」的工夫，就可以在心法相應時，出生十六種特別殊勝的禪態。這十六種特別殊勝的禪態與前面介紹過的安般念基本一致，是屬於出世間禪，而此禪都是通過隨息而逐漸開發，並層層勝妙，均有不同的特殊功能，到最後時就能證得三乘聖果，所以叫做十六特勝。

所謂一知息入。

修十六特勝的第一步是在息相調適之後，覺知微細息相的入內過程，所謂初知息入是鼻端；次知息入至心臟的部位；最後息入到臍輪處爲止。修禪者在修知息入的過程中，不要把心念過份地注意息入的初、中、後的三個部位，而祇要能稍微感覺到吸相依次進入即可。

二知息出。

知息入修習熟練並安心不動後，即進入第二步知息出的練習。修知息出與知息入相反，它是以臍輪爲初，次是心臟部位，後以鼻端爲出。

無論修入或出，祇能單修一種，依次而行，不可以同樣兼顧出入二相。同時還應注意在修隨息時，重點在微細的息相的運動，而不可倚身作意，否則便會重成障礙，不能進入禪定。

三知息長短。

知息出，有離執輕身與放鬆息相的作用，因此，第三步要進一層觀隨息的長短之相，而這裏的短當然是相對而言，是要行者明照自己靜心中的息相究竟有多長，心念隨之而出入，明知不忘，如此便能出生功德了。如果以豎修的角度來說明此禪的修法，則在《無礙解脫道》中有較全面的闡釋：

云何彼於長出息時，知「我出息長」，長入息時，知「我入息長」？㈠、長出息於出時出息；㈡、長入息於長時入息；㈢、長出息入息於長時出息入息，長出息入息於長時出息入息者（於彼）生起（善）欲；㈣、由於欲而比以前更微細的長出息於長時出息；㈤、由於欲而比以前更微細的長入息……乃至……㈥、長出息入息於長時出息入息。由於欲而比以前更微細的長出息入息，於長時出息入息者生起喜悅；㈦、由於喜悅而比以前更微細的長出息於長時出息；㈧、由於喜悅而比以前更微細的長入息……乃至……；㈨、長出息入息長時出息入息，由於喜悅而比以前更微細的長出息入息於長時出息入息者，（他的）心從出息入息而轉去，而生起捨。

到了捨的這一步，即進入止門的禪定境，於彼定中便能現起觀照的心智，如四念處等觀，由此觀的深入，就由有漏慧趣入無漏慧。

四知息徧身。

第四步是於靜心中覺知呼吸從全身的毛孔出入無礙，而此時鼻孔的呼吸已極微細，進入了全身性的隨息工夫。《清淨道論》對此作了說明：

即我於全出息身的初中後，爲令覺知明白其出息而學；我於全入息身的初、中、後，爲令覺知明白其入息而學。如是爲令（出入息的一切身）覺知明白者，以智相應心出息與入息，故說我學出息與入息。因爲有的比丘，對於片片展於（體內）的出息身或入息身的初則明白，然後中、後；他祇能取其初，而對中、後則疲倦。有的則以對於中的明白，然非初中。

修「知息徧身」的隨息法，要達到初、中、後的一切身的出入息都明白方算熟練。所以世尊說：「學我知一切身出息……乃至……入息。」

第四步修成後，就能夠在空氣稀少的地方久坐而不感到窒息。呼吸也可以達到極緩慢的地步。

五除諸身行。

第四步由於呼吸的全身化，於是引發了周身的氣脈的變化運動，此時身體就可能出現一些前屈、側屈、全屈、後屈、轉動、顫動、搖動、震動等一系列的動作。當修禪者在定心中發生這些運動時，應該及時覺察；如此身行並非初禪之功德支林，乃是欲界定前後的麤色氣機的發動，因此不應執著。對於這種現象唯一的對治辦法，就是調穩呼吸後把注意力集中於吸入的隨念上，這樣久久便能使身息寂靜微細而不再動搖。所以第五就要除去一切身心的運動之行了。

六心受喜。

過了上述身行的一關，身心就泯然一轉，忽然進入了正禪的狀態。所以修禪者如果不停滯在身體氣機發動上，而透過了欲界定的動搖與不穩定，就能在安息極安息中，直至消滅了身覺與息相，寂止了一切的變化，此時呼吸已到了有無難辨的狀態，內心便生起了喜的覺受，這便是進入了初禪的禪態。在此禪態中，前後的八觸與十功德就隨個人的根性不同流現出來。從初禪之後，又升至二禪。

七心受樂。

從二禪又升至三禪，心的覺受充滿了妙樂。

八受諸心行。

從三禪的妙樂又捨之而升進四禪，無苦樂境，唯有寂靜禪心的流注行相。

九心作喜。

在定心中再觀二禪的喜樂，使不住於死定。

十心作攝。

在喜樂之中，使心念既不住於死寂之定境，又不著於喜樂之愛味，完全將心等持於心一境性的正定之中，即進入不動搖的三摩地。唯有三摩地的正定，纔符合於解脫的要求。

十一心作解脫。

心作解脫，是指行人在諸禪中解脫出各種執著。如在初禪中解脫出五蓋的纏縛；在二禪中解脫出尋伺；於三禪中解脫出喜心的執著；在四禪中離於苦樂之境等。這些解脫雖未脫盡三界煩惱，但已非外道愛味禪性可比，並在此等解脫後，方能進入正觀的修習。

十二觀無常。

前一步的心作解脫還是基礎性的準備觀法。從這裏開始即進入了正觀。由於正觀的慧力，方能斷惑證真。

觀無常是在禪定心中觀照五蘊的無常生滅變易性，而悟達諸法的無常使不生常見。

十三觀出散。

在禪定心中觀呼吸的出散乃至空無所有，從而悟知諸法中無我而不生我見。

十四觀離欲。

在禪定中以離欲念使人解脫於欲。其中離欲又分爲滅盡離欲與究境離欲的二種觀。滅盡離欲是觀諸行的剎那滅壞；究境離欲則是觀離欲後的涅槃境。因此，觀離欲也就是觀上述二種境而引起的毗鉢舍那（觀）與道相應。

十五觀滅。

此觀從觀滅而滅除集諦煩惱的角度而起滅盡與究竟的二種觀法，與觀離欲的方法一樣，但更進一層，因離欲僅止於意願，而滅集則爲實際的行動，故接近於解脫道。

十六觀棄捨。

觀棄捨在《清淨道論》稱作觀捨道。分爲遍捨捨遣與跳入捨遣的二種修證過程。遍捨捨遣是以部分的觀智而遍捨諸蘊及諸煩惱，或進一步以部分的道智而遍捨諸蘊及諸行煩惱。

跳入捨遣是先見有爲的過失及傾向（與有為）相反的涅槃而跳入或以所緣而跳入涅槃。

每種捨遣中初是觀智，後爲道智，均可隨捨遣之力而入於涅槃境界。以下智者大師來對棄捨這法進行闡釋：

云何觀棄捨？此觀破非想處惑。所以者何？凡夫修非想時，觀有常處如癰如瘡，觀無想處如癡也。第一妙定，名曰非想。

六妙門重點在於妙的功德，所以在隨的對攝禪法上，智者大師又著重闡釋如何在十六特勝的最後觀棄捨中獲得涅槃。

怎樣修觀棄捨的工夫？這最後一層的觀修，是專門破非想處的迷惑的，爲甚麼要在非想處修觀得涅槃？因爲凡夫在隨息門中，修到非想處定時，內心自然觀察有常處——空定與識定均屬有常處，因落有思之故，而有常之處乃敗壞之法，故如癰如瘡潰爛不久；而無想定又如癡愚，不起活用。故於心中認定三界第一微妙之定，乃是非有想非無想的第四無色定的境界。

作是念已，即棄捨有想無想，名非有想非無想。故知非想即是兩捨之義。

作了上面的觀想之後，就放棄了有想與無想的執著，進入了非有想非無想處定，所以說非想就是兩捨的意思。

今佛弟子，觀行破折，義如前說。

現在佛弟子所修與外道不同，並不認爲此處即安穩之地，仍須通過觀察其虛妄，破其煩惱蓋覆，折其著心，如此方能解脫三界煩惱，證出世涅槃。至於觀折之義，已於數門中闡釋。

是故深觀棄捨，不著非想，能得涅槃，隨爲妙門，意在此也。

由此之故，祇要修禪行人，能夠在禪境中深觀棄捨，不住著在非想處定上，那麼他就能證得涅槃道了。

通過隨息一門的層層深入，不斷開發，以至於證得涅槃聖果，所以說隨息作爲妙門，其意正在於此。

三者止爲妙門者。行者因止心故，即便次第發五輪禪。

第三是就止的功能來闡釋作爲妙門的出生諸禪的具體內容。修習禪定者，因爲澄心息慮，使心念凝然不動，寂止於一處時，就能依其所止的層次而開發五輪禪的禪法。

一者地輪三昧，即未到地。

五輪禪的最初一層是地輪禪。修禪者從欲界定後，止心更爲虛寂，心入定境之中，最初所開發的即是未到地定。這未到地定猶如造高樓大廈的地基一樣，雖然還不具備功德，它卻是蓋樓必不可少的部分，所以叫做地輪禪。

二者水輪三昧，即是種種諸禪定善根發也。

從未到地定的地輪三昧之後，隨著定力的深化，便進入了初禪。又從初禪升至二禪，乃至於四禪。這就像水的流動是一段一段地流入大海，而每一段都有它的作用，即在四禪的前後均可開發善根，這便是水輪三昧的境界。

三者虛空輪三昧，即五方便人，覺因緣無性如虛空。

地輪禪是堅凝而不通，水輪是流動而非真止。因此，以上二輪均未到見道之位，故其見地未真，都處在著相修行的階段。

到了這第三層的虛空輪三昧，就是正道行人進入見道的過程。所謂五方便人即是七方便的簡化。七方便是從五停心觀開始起對治觀，漸次分別相念、總相念、暖、頂、忍、世第一法。因五停心屬破障，未有禪定故較淺，已不是此段的功行，而總別二相念可合而為一，故一般在此處簡化為五方便。

修禪有了四禪的定力後，就可以依此定而起慧照。四念處正是慧照的初步，然後在四念處觀上開始發善根：

㈠、暖法，進一步加修四正勤，以四諦為緣，發相似之解，伏煩惱惑，得佛法氣氛，喻如春陽暖發。

㈡、頂法，進修四如意足，於相似解更加轉明，得四如意定。如登山頂，洞覽無餘。

㈢、忍法，由於定慧等持，善法增進，便成就了五根，安住不動，忍法具足。

㈣、世第一法，五根增長成五力破五障，接近於見道位。這是有漏世間的功行中最為第一。從此之後如以有漏的聞、思、修作增上慧，資助本具的無漏種子，使之發生觀行，便於十六剎那之間而入見道位。一旦見道之後，便能覺悟一切諸法皆因緣所生，當體如虛空，所以叫做虛空輪三昧，於諸見中無礙無謬，見真諦而行真道。

四者金沙輪三昧，即是見思解脫，無著正慧，如金沙也。

見道之後方起真實之修。因此，金沙輪三昧，就是依真見而起真修的過程，通過真修，方能解脫三界的煩惱——思惑，即思惟諦理的道品而斷之惑，這即是從七覺支到八聖道的相依修持過程。因為已見真道，所以起修之時絕不是著相之修，而是以無著的正慧而隨順道法，斷除煩惱習氣。這猶如純淨的金沙一樣，雖有諸般變化流動，仍不失去本色，不受染污。因此，見道後的無著之修，即是金沙輪三昧。

五者金剛輪三昧，即是第九無礙道，能斷三界結使，永盡無餘，證盡智無生智，入涅槃。

第五是見思煩惱脫盡後的聖果之位。金剛是萬物中最堅、最利、最明的寶貴東西，以此物形容聖果位上的不壞功德。

九無礙道新譯為九無間道。因為在修道位上把三界分為九地，每一地又分為九品，這都是妄心從麤到細的演變過程的借喻。在斷惑之時，每地各有無間與解脫的二道。正在斷惑的無著心智叫做無間道；煩惱既已斷除，解脫了下地之惑，而此解脫迷惑所生之智，叫做解脫道。一地之惑有九品，九地便有九解脫。斷到第九無間道時，三界之內的所有結使已經斷盡，不再被三界的妄情所迷，也不落後有，而此時所證之智，有盡智與無生智的二種。盡智是斷盡三界一切煩惱後，證知我既然已經知苦、斷集、證滅、修道，內心自信承當，智慧明照。無生智則是限於利根羅漢所有之智慧，因在所證上，既已知、斷、證、修之事已畢，更無知、斷、證、修之事，所以說「無生」。其意正說明自覺於無生之道而證知我不再知、斷、證、修的智慧。而鈍根羅漢有的再反覆地退沒，需要再經過知、斷、證、修的一類，就不能見到無生智。

在金剛輪的三昧上，證得了盡智與無生智，就獲證了涅槃的果位，成為永不退轉的界外聖人。

止為妙門，意在此也。

通過止心息慮，澄寂妄念，便可從散心的凡夫地位，逐漸進入未到地的地輪三昧，又從地輪到四禪的水輪三昧。從水輪的觀慧見到了真諦的理性，證於虛空輪三昧；從虛空的無礙之慧起於無著的正修，漸次斷除煩惱，便證入金沙輪三昧的道位。如此熏修，到斷盡一切三界煩惱，便證入了金剛輪三昧的聖果。如此從低至高的五輪之禪均以「止」而貫之，因此止之一法，可以通至涅槃之妙德，其意正在於此。

四者觀為妙門者。行者因修觀故，即能出生九想。

第四是闡釋觀的對攝禪法而通至涅槃的意義。觀可以分為二種功能，一是觀察妄惑，以破除煩惱顛倒，二是觀達真理，以圓顯清淨真性。關於觀義的解釋，歷來有淺深的不同說法，舉以下數釋以作參考：

《觀經淨影疏》說：「觀者，繫念思察，說以為觀。」

《大乘義章》說：「麤思名覺，細思名觀。」

《淨名經三觀玄義》說：「觀以觀穿為義，亦是觀蓋為能。觀穿者即是觀察見思、塵沙、無明之惑，故名觀穿。觀達者達三諦之理。」

智者大師在六妙門中所論觀義，則是攝賅一切深淺之義，並就佛教禪法中的諸多觀法進行概括論述。

修習禪法者因為運心作觀的緣故，就能在觀心中出生九想等禪觀之法。

九想屬於觀禪中的不淨觀法。此觀禪的目的，就是針對世人對於五欲的耽著與對自我的妄執。因此，修習此禪觀，就能破除戀世的迷情。九想觀的出生次第如下：

一、脹想：觀想現出死屍的膨脹的形狀。

二、青瘀想：觀想現出死屍經過風吹日曝後，變成青瘀的形色。

三、壞想：觀想現出死屍在自然力的破壞下，失去了勻稱的形狀。

四、血塗想：觀想現出死屍經過破壞之後，又變得血肉模糊。

五、膿爛想：觀想現出死屍因變質而膿爛的形狀。

六、啖想：觀想現出鳥獸來到死屍前互相爭啖。

七、散想：觀想現出死屍被鳥獸爭啖後的四肢、頭、身分裂破散。

八、骨想：觀想現出死屍血肉被吃盡後的白骨狼籍的慘狀。

九、燒想：觀想現出白骨最後被柴火所燒而歸於灰土。

由觀而觀的九想景象，容易使習禪者出現驚怖、憂懼的心理，因此，當久修之後，欲情已除，則應觀現八念的功德以救其弊。

八念。

八念的出生次第是從念佛開始：

一、念佛：念佛神德無量，能拔苦與樂。

二、念法：念法力廣大能滅一切煩惱。

三、念僧：念僧爲佛弟子，具足五分法身（戒、定、慧、解脫、解脫知見）爲世間無上的福田。

四、念戒：念戒能遮諸惡，爲無上菩提的根本。

五、念捨：念布施能生大功德，又捨斷煩惱的大智慧。

六、念天：念四天王乃至他化天，果報清淨，利樂一切。

七、念出入息：念出入息可得禪定而具樂。

八、念死：人生無常，生必有死，故不怕死亡。

八念之後即是觀現十想。

十想。

十想的第一是苦想，即觀五陰之身，常被諸苦所逼迫，作此想後，智慧生而衆苦得滅，其餘九想的內容請參閱《大智度論》卷二十三。

八背捨，八勝處。

八背捨的觀修已經介紹於前。八勝處是善巧觀修八背捨所獲得的殊勝利益，這八勝處的含義即是發勝知勝見，以捨貪愛的八種禪觀。因爲是起勝知勝見的依處，所以說爲八勝處。其觀修次第如下：

一、內有色想觀外色少勝處：內心有色想，觀道還未增長，專觀少份的外色以攝心。一般修此觀時專觀內身不淨，或觀少許外色，均可得清淨勝見。

二、內有色想觀外色多勝處：觀道成熟後，多觀外色也無妨礙。譬如從一具死屍而至觀十、百、千、萬具的死屍，或觀一膨脹時而增觀一切死屍的膨脹。如此觀廣大的外色而獲得清淨。

三、內無色想觀外色少勝處：到了這一步，觀道逐漸勝妙，雖然觀於外色，內心不存色想，因爲無想，所以比前更爲勝妙。

四、內無色想觀外色多勝處：從少觀到廣大，其義如前的二觀。

五、青勝處：觀現身外的青色，轉變自在，使少爲多，使多爲少，對於所觀的青相，不起法愛。

六、黃勝處：如青勝處。

七、赤勝處：如青勝處。

八、白勝處：如青勝處。

十一切處、九次第定。

八背捨爲初觀，八勝處爲中，而十一切處是最後的解脫。其觀修之義已介紹於前。

師子奮迅三昧。

獅（師）子奮迅三昧，是借喻獅子奮迅時的開張諸根，身毛皆豎，現威怒吼之相來形容此三昧的威力無窮。

菩薩進入獅子奮迅三昧時，則奮法界之身，開大慧之門，現應機之威，使外道二乘的小獸爲之攝伏。

超越三昧。

修禪者如果在其禪定上能不順九次第定之淺深次序而入定的，即是超越三昧的觀行。這種三昧，可由散心地直入滅盡定，也可以從滅盡定直出散心，順逆自在，超越無礙。但小乘人的超越僅限於二級禪定的跳躍，大乘菩薩則可以隨意超越而無礙。

鍊禪

鍊禪是在九次第定中，反覆從一地進入另一地的修習方法，以鍛煉自在隨意的定力。譬如修禪先入初禪，在初禪中直入識處定，又從識處定入二禪。如此反覆練習，使得定力更加堅固而自在。

十四變化心。

十四變化心即是四禪定中的十四種變化作用：

一、初禪天二種變化：1、初禪初禪化，即能在初禪中變化自地；2、初禪欲界化，即能變化欲界地。

二、二禪天三種變化：1、二禪二禪化；2、二禪初禪化；3、二禪欲界化。

三、三禪四種變化：1、三禪三禪化；2、三禪二禪化；3、三禪初禪化；4、三禪欲界化。

四、四禪五種變化：1、四禪四禪化；2、四禪三禪化；3、四禪二禪化；4、四禪初禪化；5、四禪欲界化。

這十四種變化作用，就是善用禪定來化現其自地與以下的禪位以起應化的妙用。

三明、六通及八解脫。

三明、六通及八解脫的三法，都是就修觀所顯妙德而言。三明即：一、宿命明：知自身他身宿世的生死現象；二、天眼明：知自身他身未來世的生死現象；三、漏盡明：知現在的苦相，即斷一切煩惱後所得的無漏真智。所謂「明」的含義是指正智所顯之境而分明徹照。而天眼、天耳、宿命、他心、神足、漏足的六通，其中神足爲工巧，天耳通但聞聲，他心通祇知他人心，所以不立爲明。其餘三者也有淺深等不同，所以分而立之。

八解脫在此是指所得八種解脫之果，顯現殊妙的妙德。

得滅受想，即入涅槃。

修禪者在觀修過程中，如果能在八解脫的最後解脫中，證得滅受想無爲之定（即滅盡定）時，假若心不住著，就證入了三乘的涅槃之果了。

觀爲妙門，意在此也。

用觀做爲基本禪法而進行修習，就能出生如上的種種禪觀之德，而在層層深入之後，涅槃的果證也自然而然地呈現在習禪者的心中。因此，觀修之法能使行人通至涅槃微妙之門，其意義也正在於此。

五者還爲妙門者。

第五是闡釋還門所對攝的禪法功能，還是返本還源之意。如以智慧破折，返妄歸真，尋流得源，悟入真性，便可稱性合道而證涅槃。

行者若用慧行，善巧破折，返本還源，是時即便出生空、無想、無作、三十七道品、四諦、十二因緣、中道正觀，因此得入涅槃。

修習禪的人，如果根性較利，智慧明達，並能以此智慧之力，對世出世間的一切事理進行善巧破折，使心念既不住境，也不住於心，亦不住於法及空等，經過層層深入的返照與破折，便掃盡了無明妄執，心空如洗，清淨無著，於是離一切根塵之妄，而返歸本性淨體，契會諸法源頭。

由於如是善巧破折，所藉之理不同，所起之法有異，故隨各人之機而出生三解脫門的空、無想、無作，又能出生四諦及道諦中的三十七道品，由此而成就聲聞乘，深入涅槃；由緣覺的根機則出生十二因緣，而得入辟支佛的涅槃果；又由菩薩的根機而啓開中道的正觀，而成就佛果涅槃。由此之故，各隨理行機而得入涅槃。

關於三乘的緣理成行之法義，將在第六章釋通別六妙門中廣釋。

由於緣理反觀，便能契入諦理而斷諸煩惱，因此而得入涅槃。

做還門反觀的工夫，先須理解一定的道理，而此道理應當有相當的策發慧照的力量，藉助這一緣理而成的返觀之力，就可以在不斷地善巧破折中，而契入與諦理相應的真實境界。由於還歸於清淨的本源，其體本來空寂，絕無煩惱虛妄之法，因此，一切煩惱自然在清淨性體的反觀中，不斷而自斷。更由此而自然地得入本具的涅槃之果了。

還爲妙門，意在此也。

從有漏慧的返觀而契入無漏而得入涅槃，這是還門的特殊功用。因此，緣理成行而返歸本源而成還門的妙德，其意正在於此。

六者淨爲妙門者。

第六是闡釋六妙門中的最後一道妙門。淨門的妙能其實與前五門完全不同，是不落有爲功行的無修之修，所以貴在當人的體識——即以其禪慧之德直接證入本性而安住不動，無量妙德均在全體契會中顯露無餘。因此，淨門是一切法門的最終所歸，也是最符合本性淨德的無修之修，因此，貴在直接契悟，不必轉彎摸角地去作修持求證。

行者若能體識一切諸法本性清淨，即便獲得自性禪也。

無論由於宿世根機深厚，或由明師方便直指，或者因漸修許多禪慧法門，一旦頓悟，便於當下體識一切諸法的本性清淨的面目，就能證達自性之禪。

體識即由直接的體悟而契會，故體識之時絕非理解，亦不屬功行；而這裏所謂的「識」絕對不是分別意想之識，更不是由境界而生妄見，它是不識之識的自性靈知的直覺相應。如果就禪宗而言，體識即是明心見性的境界。自性禪是九種大禪的第一根本禪，屬於出世間上上禪，是佛教中最高的禪類。此禪原出《菩薩地持經・第六方便處忍品》中所述。自性禪是在行者觀心實性，觀一切諸法無不由心；心攝一切法，如如意珠。或唯住於止，而攝心不散；或唯住於觀，而分別照了；或止觀雙修而定慧均等。這是證悟自性者，體取自性本具止觀的寂照之功能，而自在起用的圓妙境界。

得此禪故，二乘之人，定證涅槃，若是菩薩，入鐵輪位，具十信心。

由於證得了自性禪的真性妙德，如果是二乘的發心，雖然心量偏狹，但據其本願，也一定能證得涅槃之果。假使是發大心、修大行的菩薩，當證悟到自性禪時，則必能進入鐵輪位，具足十種信心。

鐵輪位即天臺宗所判圓教十信位，如進斷一分無明證一分中道，則成因中涅槃之佛。此鐵輪位具足信位中的十種信心而得成就。此義當在第十講中詳釋。

修行不止，即便出生九種大禪，所謂自性禪、一切禪、難禪、一切門禪，善人禪、一切行禪、除惱禪、此世他世樂禪、清淨禪。

修行者如果在證得自性禪後，稱性起行，不斷地開啓本性妙明的功用，就能夠出生九種大禪。九種大禪其義微妙不可思議，略釋其基本功用以資參考：

一、自性禪：證根本的體性，已如上說。

二、一切禪：「一切」即自行化他的一切功德事業。分爲世間與出世間的兩種，各有現法樂住禪，出生三昧功德禪，利益衆生禪的三種。

㈠、現法樂住禪是離一切妄想，身心止息，第一寂滅的現量所證的法樂安住。

㈡、出生三昧功德禪是能出生種種不可思議無量功德，以及十力種性所攝的三昧，能入一切無礙慧與無諍願智的勝妙功德。

㈢、利益衆生的禪則是隨其所證的功德妙用，布施予一切衆生，保護一切衆生使離恐怖，並能爲諸開示法要，解其妄惑。

三、難禪：難禪意即難修之禪。分爲三種：

㈠、第一難禪——久習勝妙禪定，於諸三昧心得自在，因哀愍衆生的苦厄，欲使成就道業，所以捨第一禪的妙樂而生於欲界來度化衆生。

㈡、第二難禪——依禪而出生無量無數的不可思議的諸深三昧。

㈢、第三難禪——依禪而得無上菩提。

四、一切門禪：一切禪都從此門而出，所以稱爲一切門禪。此禪分爲：

㈠、與有覺有觀俱之禪。

㈡、與喜俱之禪。

㈢、與樂俱之禪。

㈣與捨俱之禪。

證得大禪者如與此四禪相應而行，就能出生其餘一切禪法。

五、善人禪：善人即菩薩大善根之人。得善人禪者，能不味著，以及與四無量心相應的慈心俱、悲心俱、喜心俱、捨心俱的五種功能。

六、一切行禪：一切行即大乘法門的一切行，此禪能含攝大乘的一切行門，以其中有十三種微妙的功德：

㈠、善禪——攝一切善法。

㈡、無記化化禪——自然能在定中作種種無窮的變化。

㈢、止分禪——攝心不散，與定相應。

㈣、觀分禪——分別照了，與慧相應。

㈤、自他利禪——正定現前時，即能自利利他。

㈥、正念禪——正念思惟，無諸雜想。

㈦、出生神通力功德禪——得此大定，一切的神通功德，都從此出生。

㈧、名緣禪——對於一切諸法的名相因緣都能通達無礙。

㈨、義緣禪——對於一切諸法的義理因緣都能通過曉了。

㈩、止相緣禪——對於寂靜因緣之相，圓明洞徹，永離一切散亂。

⑾、舉相緣禪——能照了諸法起滅的因緣，悉畢清淨無礙。

(十二)、捨相緣禪——對於一切善惡法相因緣，悉皆捨離，清淨而無染著。

(十三)、現法樂住第一義禪——因此定而觀，得法喜之樂，安住於第一義。

七、除煩惱禪：得此大禪能夠除滅衆生的種種苦患疾病等煩惱。共分爲八種：

(一)、咒術所依禪——此定能除一切苦患、毒害、霜雹、熱病以及鬼所作病。

(二)、除病禪——能除地、水、火、風四大所起的一切疾病。

(三)、雲雨禪——能興甘雨、能消災旱，救諸饑饉。

(四)、等度禪——能拔濟一切恐懼災難以及水陸、人非人等的恐怖。

(五)、饒益禪——能以飲食、饒益曠野饑渴的衆生。

(六)、調伏禪——能以財物調伏衆生。

(七)、開覺禪——能平等地開示覺悟一切迷惑的衆生。

(八)、等作禪——能使衆生所作一切善惡，都能獲得成就。

八、此世他世樂禪：此禪能使一切衆生獲得現在世與未來世的妙樂。其中又分爲九種：

(一)、神通變化調伏衆生禪——能變現種種神足通力，調伏一切衆生。

(二)、隨說調伏衆生禪——能隨順說法，調伏一切衆生。

㈢、教誡變現調伏衆生禪——能以正法教誡訓諭，調伏一切衆生。

㈣、爲衆生示惡趣禪——能對惡業的衆生，示現修羅、餓鬼、畜生等趣，使之改惡遷善。

㈤、爲失辯衆生以辯饒益禪——爲不能辯說正法的衆生，即以辯才饒益他們，使其心識開悟。

㈥、失念衆生以念饒益禪——爲失正念的衆生，能以正念饒益他們，使之不生邪見。

㈦、造不顛倒論微妙贊頌摩得勒伽爲令正法久住禪——開發妙慧，心不顛倒，能造微妙的贊頌，摩得勒伽論，流通正法，使之住於世。

㈧、世間技術義饒益攝取衆生禪——能以書數算計資生方便等種種的技術及設備，攝取饒益一切衆生。

㈨、暫息惡趣放光明禪——放大光明，暫使修羅等惡趣止息苦惱。

九、清淨淨禪：這是最究境的禪德妙道。是在斷除一切煩惱惑業之後，證得大菩提清淨果的禪。此禪又含十種禪德：

㈠、世間清淨淨不味不染污禪。

㈡、出世間清淨禪。
㈢、方便清淨禪。
㈣、得根本清淨禪。
㈤、根本上勝進清淨禪。
㈥、住起力清淨禪。
㈦、捨復入力清淨禪。
㈧、神通所作力清淨禪。
㈨、離一切見清淨禪。
㈩、煩惱智庫斷清淨禪。

以上九種大禪自菩薩初住位上上升進，不斷深妙，直至等覺的真實禪法，是不可思議的無上禪德的開顯。

菩薩依是禪故，得大菩提果，已得、今得、當得。

菩薩因從淨門的體識自性禪體，而逐漸開顯本明妙用，所以一一皆能得大菩提究竟圓滿的佛果。久遠已修此禪的，早已經成就佛果。現在纔剛修此禪的，當於未來世而證得。或在今世已深入九種大禪，那麼如果能得第九清淨淨禪，則於當今之世獲得大菩提之果。佛法乃真實不虛之法，修因證果，自隨其功行而定其遲速。

淨為妙門，意在此也。

無論是漸次入淨或頓悟入淨，因其體識本性，具足九種大禪，所以能速證大菩提之果。淨門能通至大涅槃道果，其意正在於此。

以上所述分別對諸禪的六妙門，是概述闡釋六妙門的各各功能，與所攝的各種禪法，以及如何通過其本具的功能而證得涅槃果。這些內容對今後起修六妙門有極大的作用：一是可瞭解六妙門的各個特點；二是可明確各禪法的屬性；三則能起鼓勵作用，使安心於六妙門的修習。但在學懂了概述部分之後，可放棄對它的深究，而應一心一意地注重於以下基本法的練習，以期早獲體驗而得益。

第三講　次第相生的六妙門

這一講，主要是闡釋六妙門的最基本的修習方法，習禪者如進入此段法門的修習，就應暫摒一切緣務與知解，一心一意地在平實中修持，方能與之相應，但如遇到障礙，無法進步，則可繼續學修以下各講的法門，以求突破。

以下依智者大師原作進行闡釋。

初心學禪之人，如依頓法而修，則因心麤蓋重，慧觀難起。所以必須先從最基本的行法開始，隨著心地的轉變，再順法而進，就可以得到入道的方便利益。次第相生，就是從淺至深，逐漸證入的次第禪法，它的每一個次第都能從前生後，步步升高的方便易修之法。

次釋第二次第相生六妙門者。

在闡釋了前面概述部分之後，順著行人的求道行法之心，接著就得闡釋最基本的修持法了。此基本之法將六妙門的數、隨、止、觀、還、淨的六門，又分爲修與證的二大過程，從修到證，又從證到修，於是形成了十二個修證之門。以此十二門的次第相生的法妙，引導行人悟證菩提大道，趨入涅槃之果。

次第相生，入道之階梯也。若於欲界中，巧行六法，第六淨心成就，即發三乘無漏，況復具足諸禪三昧。

爲甚麼習禪者在初用功時要用次第相生的方便法門呢?古德講，修道是頓中之漸，證道爲漸中之頓。因爲人的根器不同，於無上大道不可能一蹴而就，必須先依法次第而行，逐漸開發，然後纔有豁然頓悟頓證的時節。另外，法本無深淺，深淺在於行人的心量與智慧，因此，如發大心、具大智慧修此淺法，淺法也即成爲深妙；而如果心量狹窄，智慧漏劣，雖修大法，而此大法也即變爲淺小，不能啓其大用。初心入道需要階梯，而此次第相生六妙法門，正是初心行人的最平實的入道之階梯。

假如一個初心修禪者，他的心境屬於欲界層次中的散心地或麤住、細住，欲界定的任何一個層次，那麼，如果依此最底層次的基礎，開始修習此次第相生六妙門，而且於次第行法中，能夠善巧而行，不相乖違與執滯，那麼當他次第修到第六層妙門而獲得淨心成就時，就能開發三乘的無漏聖果，又何況在次第六妙門中，並能具足諸禪三昧的無量功能呢！

此即與前有異，所以者何？如數有二種：一者修數，二者證數。

就次第相生的最基本的行持功能來講，與前面所闡釋的六妙門的對攝功能就有很大的差異。那麼，差異究竟在那裏呢？譬如在第一門的數息法門裏，就把它分爲二個程序來修習，即習禪者第一步先依數息法的基本行法，開始練習用功，攝心依息而數，當達到了符合於數門的證相時，就進入了第二步的證數，也就完成了數門的練習，可以轉入到隨門的練習了。

修數者，行者調和氣息，不澀不滑，安詳徐數，從一至十，攝心在數，不令馳散，是名修數。

修禪者通過預修期的各種善巧方法，把呼吸調適到平和的禪態氣息，既不澀也不滑。不澀就是呼吸時沒有聲音，不結滯與麤短；不滑就是達到了氣息的深沈細匀。當調到出入綿綿，若有若無之時，便可在安詳的息相之中慢慢記數，從一至十，將心念收攝在數上，不使它奔馳散逸。這一過程就是修數息的方法。

具體的修數方法，可參閱第一章中的〈六妙門修法〉，但有以下數點仍須注意：

一、不必過於强調息相的狀態，祇要能安心於呼吸，進行記數，即能逐漸由麤入細，由散心入定心。

二、修數息法是最簡單的基本法，因此，不可在法上生玄妙想，應一心數息，無法無我。

三、在修數息過程中如出現一些障礙，一是在認識上轉化對障礙的執實之見；二是不管障礙狀態，祇是照舊一心數息；三是暫時轉行其他相應的對治方法。如果依此三法仍不能消除障礙，則應請善知識指導方可排除。

四、修數息時的注意力，七分在記數的數字上，三分在呼吸上，呼吸的感覺應以鼻端爲門戶，而不可注意身體的各部分，因此，心念以數爲重，以息爲輕，以身體及周圍一切爲空無。

五、修數的妙義，就在於修數之時應忘掉修的主觀意識的執著，即是當進行中善的記數時，同時也即放下了一切的觀念作用，無爲無著，唯以明瞭之心而記數不忘，由此可隨無著之心而恆順於數的變化，如此方能做到真正地攝心歸一，而且不易產生偏差與障礙。

六、由於宿習的不同，如果在修數時發生一些心身的變化，一旦感覺之後，應立刻停止憶想分別，不管它的變化，唯攝心在數，如此方能超越宿習的一切障礙。

證數者，覺心任運從一至十，不加功力，心住息緣，覺息虛微，心相漸細，患數爲麤，意不欲數，爾時行者應當放數修隨。

修數息法到了一定的程度，就進入了證數的境界。那麼，證數所進入的證相是怎樣呢？當在修數息功行時，覺得這個正在用功之心，能夠毫不費力地聽任其數從一至十的運轉，既不加注意，也不須勉强攝心在數，而是心念與數法的融合無間。也就是說，當數息法練習到某一時節，數息已成慣性作用，根本不用心思去記數，便能很自然地隨著呼吸推進數的記錄，所以說：「不加功力。」

到了此時，心念與息相的體驗漸漸加深，心的覺受與息的出入更加明朗，由於心念覺受於息相的虛微，便導入於寂靜的心念，於是心相也漸趨微細。心息的虛微相依所產生的寂靜輕安覺受中，便感到橫在此中的記數實在是一種干擾，是麤心的所緣，於是自然而然地欲放棄記數的負擔。到了這一階段，習禪者就應當不再顧戀數息而應轉入進一層的隨門修法之中。

習禪者修到證數時，還應注意下列問題：

一、初得證數時，有五種可能：一是較偶然；二是不穩定；三是住時不長久；四是易受環境及事緣的干擾；五是知見生礙。對於這五種現象，應一概不去理會，衹是依數息法而修。同時盡可能地排除外界的干擾，不勞心神。

二、當住於證數境相達半小時以上，且較爲穩定時，也應先修數法，當進入證數境相時，且依隨息法而修，逐漸培養隨息法的任運之力。

三、證數安住到後期時，入座之後很快便進入證數之相，而且住時很久亦無變易，到此時便可完全捨去數法功行，悉依隨門而修。

四、證數境相所產生的覺受雖較前爲細，但仍是六妙門中的初淺境相，如果執此覺受而不知諸受皆妄，則必自成掛礙，導致退轉。

五、在證數階段如出現各種障礙，可以兼修持咒等對治法門而轉化之。如在認識上有所執滯，亦應學習有關理論而化導之。

隨亦有二：一者修隨，二者證隨。

放棄了數息法後，由證數的體驗而自然地趨入隨門的修習。由修隨法而達到恬然凝靜的境界，即進入了隨的證相。

修隨者，捨前數法，一心依隨息之出入，攝心緣息，知息入出，心住息緣，無分散意，是名修隨。

修隨息的方法是當棄捨了前面所修的數法之後，一心一意地隨順微細的出入息，不管其他一切生滅變化，唯將此心攝收在息相而不斷地以意緣慮。每一息的出入、長短等相，都應了知無謬，心心依住於息緣，毫無分散飄逸之意，如此隨順之綿綿之息而進行攝心的練習，就是修隨息的方法。

習禪者修隨息法門時，應注意以下數點：

一、修隨息時容易產生昏沈與無記，此時應加强對出入息的覺受，分明於息相，嚴重者可微開眼視鼻端。

二、在修隨息過程中容易產生舒暢之感。如果是初入隨門的不妨略住此覺受，但不可長久地住於此受，否則便會退轉下地，不能證入禪定。

三、修隨門時如出現身心的特殊變化，在了知如幻如化外，亦可藉咒力而超越其境。

修隨息法到一定程，不僅坐中可以修，並應結合臥式、站式，或散步式，同時在生活中，更應注意息相的平和深細，如此方容易進入證隨的境相。

證隨者，心既微細，安靜不亂，覺息長短徧身入出，心息任運相依，意慮恬然凝靜，覺隨爲麤，心厭欲捨，如人疲極欲眠，不樂衆務，爾時行者，應當捨隨修止。

習禪者如果善巧修習隨門，就必然地證入隨的境相。因爲心依息緣，息細則心亦隨之而細，又由於心的微細而入安靜不亂的境地，靈敏地覺受自然得到開發，在心息身化成一個整體的凝然覺受中，便覺知呼吸的或長、或短不是從鼻孔出入，而是遍布於身體的所有毛孔，而進行出入的呼吸，由此凝然，心息就達到毫不作意的任運相依，此時的自我體驗是異常喜樂而凝靜。隨著心境的不斷凝靜微細，就覺得有一個隨息的心在，仍然是麤動，於是生起厭離隨息而欲捨的念頭。這時的心理感覺就像一個人到了極度疲倦而想立刻睡眠一樣，沒有興趣再做其他的事情。到了這一境地的習禪者，應當順應自然地放棄隨門而趨入止門的修習。

證隨的有關注意事項：

一、證隨境界中的「覺息長短徧身入出」的覺受出現時，不可著意追究是否真的呼吸是從毛孔出入，唯須不管其境相變化。

二、在證隨境相中，往往出現「昏定」現象，即妄念與覺受完全消失，頭部微低，外界反映全無，但內心並不明瞭，亦無喜樂之受，經半小時，或一小時，中間無諸夢境，出定之時，全身舒暢，精神充足。習禪者初入此定時，不可誤認無記或昏沈，應在出定之時，即於微細心中而起平等無住的直心觀照，久久就能漸入明瞭正定。

三、證入隨門之相，也即是修止的開始，所以不必久久執住此境。因爲如不入止門，便易生分別執著，時間一長，就會退失。

止亦有二：一者修止，二者證止。

止門的第一步修習之法，在天臺法門中，屬於凝心止的工夫，而第二步的證止的境相，則包括初禪至四禪。

修止者，息諸緣慮，不念數、隨，凝寂其心，是名修止。

修止的方法是在證隨境相的基礎上，自然任運地推進，不必藉其他的修法，祇要在證隨境相上，停息所有內外的緣慮，不生一切分別意識，不落覺受執著，也不再回顧數息與隨息的行法境相，唯凝寂其心，就是修習止門的善巧之法。凝寂其心的修法是修止門的關鍵。凝就是集中於微細心相的慣性上而不使其紛動飄飄，亦即聚覺受於一點——虛寂的心靈狀態，如果能將心念凝注於虛寂心境上而長久不變，就能證入各層次的禪定。因爲凝心止法是不依身體、不依氣息、不生觀念的自然修法，所以一定要在隨的證相上方能相應，否則心念飄浮，無法體驗虛寂，心也就無所棲止，更不可能凝心不動了。

修止法的有關注意事項：

一、證得隨的證相而開始穩定地修止法時，應該摒棄一切人事、學問等各種緣務，最好能住於清淨的環境而閑居用功。如此修止方能順利進步。

二、修止過程中不應加修其他諸法，應隨順於止門的境相而一心修習。

三、修止中如出現内外干擾，失去虛寂的境相時，應藉隨息法作攝心調和的方便，使之重新進入虛寂之境。

四、修止法每日的次數宜多些，如三至四次，但不可貪圖坐中禪味，也不應追求時間的長久，應隨順於心行的慣性。

五、在凝心過程中，並非妄想全消，但心的主體覺受仍應是虛寂。對於種子的流現，應一任隨之，不加制止，或對於干擾心相虛寂的妄心妄境，採取適當地制止不動，使重歸於凝心虛寂之境。

證止者，覺身心泯然入定，不見內外相貌，定法持心，任運不動。

從修凝心虛寂而入於禪定的證止境相，當在凝心靜坐時，忽然覺得身心從虛寂中消滅殆盡，進入不見有內在「我」的存在與外界空間的境相，內與外都失去了相依的妄知妄覺狀態，唯隨禪定的定法與觸而攝持於心，任運不動。

證止的境相即是從未到地定，泯然一轉，而進入初禪的禪態，又經定法持心，任運不動之故，即可漸次增進而入二禪及四禪之境。但初入禪定者因無經驗，故應善巧調適保護，使令久久不失，不斷增進定力，並在禪定中或出定之後，還應做如下的觀察，方能順利進入觀門。

行者是時，即作是念：今此三昧，雖復無爲寂靜，安隱快樂，而無慧方便，不能破壞生死。復作是念，今此定者，皆屬因緣，陰界入法，和合而有，虛誑不實，我今不見不覺，應須照了。作是念已，即不著止，起觀分別。

習禪者證入禪時，就應及時地做這樣的觀察：現在我所證的事三昧之境，雖然住在這種禪態中，是如此的無爲與寂靜，其禪心既安穩又快樂。但是，假如以此爲真實而住滯其中，執受於禪樂，這便與外道無異。由於沒有智慧的方便策發以轉惑成真，而衹是伏惑不前，那麼，就不能夠破生死的因果而成解脫的聖道了。

明瞭禪定與智慧的伏斷差異之後，還應再做如此的觀察：現在我證的禪定，並非自性本然的大定，所以「皆屬因緣」之法，即是五蘊、十八界、十二入的因緣和合所產生的禪定現象，故是虛誑而不真實的，這種依賴微細的精神與物質二重交互條件而形成的禪態，而我現在不知不覺地耽著其中的虛妄之樂，既不見其因緣所生的道理，也不知覺察耽著的過失。所以應當諦觀其虛妄之法而明照不謬，方能脫其執礙而成勝妙之觀。

前面第一層的觀察，是就定慧的功能而辨其作用，闡明執禪定不起觀修絕不可能了脫生死的道理。而第二層的反思，則是就禪定本身的因緣虛誑性，而顯無可住的真諦，是從根本上打破對禪定執著的觀察法。

作了以上二層的觀察後，就再也不住著於止境，而藉禪定的寂靜無爲起微妙的觀照。

這裏需要注意的是證入禪定者，通過如上的觀察，旨在打破對禪定耽著與愛味，並不是破壞禪定重入散心地。因此，雖不住著於禪定，同時也應注意善巧地保護禪定，使久久不失。祇有在堅固不壞的禪定上，妙觀纔有力量，纔能產生真正的破惑作用。

觀亦有二：一者修觀，二者證觀。

從禪定心中，進入了修觀的歷程。這個歷程需要隨各人的根性學習有關的理論，因爲借理照事，方能破障惑、顯真明。從修觀中所開顯的有漏慧與所證的境相，都是切身的體驗。因此，這一步纔可以說是進入佛門的第一步，是非常關鍵的一個轉折點。

修觀者，於定心中以慧分別，觀於微細出入息相，如空中風；皮肉筋骨，三十六物，如芭蕉不實；心識無常，剎那不住；無有我人，身受心法，皆無自性。不得人法，定何所依，是名修觀。

這裏的基本觀法是屬於天臺宗中的析空觀，是入觀的初門，三乘行人均以此觀而破折妄惑，悟入真理。

修習此觀者，先依法入定，然後在禪定心中以觀慧去分別現前之境。即最初是觀於微細的出入息相，猶如空中的風一樣，雖然出出入入，但了無能受之我與所受之法。次觀身體的皮肉筋骨等三十六物：㈠、外相：髮、毛、爪、齒、眵、淚、涎、唾、屎、溺、垢、汗；㈡、身器：皮、膚、血、肉、筋、脈、骨、髓、肪、膏、腦、膜；㈢、內含：肝、膽、胃、脾、腎、心、肺、生藏、熟藏、赤痰、白痰。觀這身體中的三十六物，猶如芭蕉一樣，中空不實，均是虛妄的和合，沒有一個不變的「我體」。

經過了以上的氣相與身相的析空觀之後，再進一層觀現前的第六意識，此心識過去已滅，現在不住，未來未至，無常變幻，如求剎那間的停止不動都了不可得，故當體亦即如空不實。

由息、身、心的慧觀明照，進一層觀析「我」或「人」均是五蘊：色（四大之身）、受、想、行、識的假和合，其中根本沒有一個「我」的主體，從而完成了四念處的慧觀，了悟身、受、心、法，皆無自性的真理，破除了對於身、受、心、法的妄以爲實有的迷執，因此，超越了凡夫與外道的知見，爲進一步修證聖道打下了關鍵的基礎。

既已了悟一切皆空，因緣妄起，則即「不得人法」，「人法」不可得時，禪定又依賴甚麼而生？由是體此禪定本來空寂，了不可得。正在了不可得時，頓超禪定之縛，而入空靈無寄之境（未見道前的空觀覺受），於是觀境開明，善根現前，破除惑障、智慧便隨之而流現。

證觀者，如是觀時，覺息出入徧諸毛孔，心眼開明，徹見三十六物，及諸蟲戶，內外不淨，剎那變易。心生悲喜，得四念處，破四顛倒，是名證觀。

在禪定心中修習慧觀，久久自得觀相現前，即入證觀之境，當習禪者依修觀之法而觀時，由破妄執而使心身進入空靈無寄之故，忽覺呼吸遍佈於似有似無的全身毛孔而入，內視的心眼漸得擊發明照，洞徹無阻隔地見到了身內的三十六物，以及分佈在各部位的微細蟲戶，內外的不淨穢濁之相，也歷歷在前。從而證見了身、受、心、法的剎那變易，了無自性的種種現前境相。於是正在如此慧觀分明之際，內心既悲過去的迷妄顛倒，又慶喜現在的真實了知，於是得證了四念處的出世解脫的智慧，破除了四顛倒的妄見。如此所證的有漏智慧，是爲修證所入的證相。由四念處的證慧所破的四顛倒妄見是爲：

一、證見了身不淨相而徹底破除了身淨的貪想與染污。

二、證見了所受諸法皆苦，從而破除了所受是樂的實有妄執。

三、證見了心識無常，剎那不住，從而破除了心識是常的妄見。

四、證見了五蘊無我，其體本空的真理，從而破除了實有我體的妄執。

證見了四念處的觀慧時，就具備了相似的智慧。在這智慧的基礎上進修妙道，方不落偏邪而易於證入見道。

觀相既發，心緣觀境，分別破折，覺念流動，非真實道，爾時應當捨觀修還。

由觀所成就的景象既已顯現在前，雖然藉此觀相可破四顛倒而得四念處的相似智慧，但畢竟是因境生心，如果將心念時常緣慮於所觀的境界上，進行無休止的破折，那麼，如此相對於心境的破折，心念就形成了生滅流動的不安之相。因此，如果明白道性常住不動的道理，就應在此刻覺知相對的心念生滅流動，並非真實之道，所以捨棄相對之觀，而進一層修消泯心境相對而入道性的還門反究工夫。

還有亦二：一者修還，二者證還。

還的修習是反究此心境無生的根源；證還則是契入道性而明見不動。

修還者，既知觀從心生，若從折境，此即不會本源。應當反觀觀心，此觀心者從何而生；為從觀心生？為從非觀心生？若從觀心生，即已有觀，今實不爾。所以者何？數、隨、止等三法中未有即觀故。

修習還門的方法是建立在：既然已了知能觀的觀是從心念而生，如果以此能觀之心去破折妄境而生慧解，如此觀心生觀境，觀境又生觀心，生滅相對，流轉無窮，這樣的修習，常處生滅門頭，無法神會體悟這無生的本源之性。所以開始修還門時，就應當離開觀境的變化生滅，反觀這能觀之心，究竟是從甚麼地方產生出來的：

是從觀心生觀心呢？還是從非觀心生觀心呢？

如此反究推理，層層深入，愈體愈微，愈體愈妙。譬如說：若是此能觀心是從本有的觀心所產生，那麼，就是說原本是具有此能觀之心的，但現在的實際情況又不是如此，爲甚麼呢？因爲在修習數、隨、止的三法門中，並沒有能觀心的破折功能的產生。

若從不觀心生，不觀心爲滅生？爲不滅生？若不滅生，即二心並。若滅法生，滅法已謝，不能生觀。

推究了觀心生後，第二步則推究不觀心的反照。假設此能觀之心從不觀之心而生，那麼，此「不觀之心」究竟是從滅而生呢？還是從不滅而生？如果說是從不滅而生，那麼：有一個不滅之心，又有一個能觀之心，就形成二心相並的謬誤。假使說是從已滅之心而生，那麼，已滅之心已失去緣慮的作用，是不可能生起能觀之心的。

如此說來，能觀之心從「不觀之心」生，也不成立。

若言亦滅亦不滅生，乃至非滅非不滅生，皆不可得。當知觀心本身不生，不生故不有，不有故即空，空故無觀心。若無觀心，豈有觀境？境智雙亡，還源之要也，是名修還相。

第三層是推究亦滅亦不滅來反觀此能觀之心的不可得。既知不滅心生，觀心是二心並，滅生則無能生觀，那麼，豈有所觀境界的存在！正當能觀之智與所觀之境空寂之際，即體入了本性無生之道，因此是：「還源之要。」

由反觀觀心而消融能所的對待，趨入本源而見道，就是還門的修習過程。

證還相者，心慧開發，不加功力，任運自能破折，反本還源，是名證還。

由於境智雙亡，剎那間便與道相應。由此相應的力用而擊發了本具的智慧。因爲有此本具的見道之智時時現前，所以對境之時可「不加功力」，即不須起觀轉境，於自性心中，自然能夠任運地轉化境界，破折妄惑，處處反歸本性還入道源。如此時時不離當念，處處轉化煩惑，就是心慧開發的證還之相。

修還雖是反觀見道的方便，但並非人人在此中都能見道悟真，因此，在證還相上，仍有無漏種子流現的心慧開發與真見道性的心慧開發的兩種情況。所以在證還之時，心慧開發者還須進一步了知如下的道理：

行者當知，若離境智，欲歸無境智，不離境智縛，以隨二邊故。爾時當捨還門，安心淨道。

習禪者當證入還門，而心慧開發之際，應當悟知：如果以慧的策動而欲析離境與智的兩邊對待，並藉此「離」而返歸於無境無智的空寂境地，如此出相對入絕對，仍然没有離開境智之縛，因爲有一個境智和一個無境智的存在，便又成立了相對執著，心念欲離境智而歸無境智，那麼，隨即產生二邊的執礙，不能相應於真道的絕對無爲，所以習禪者在此一境地中，應當捨棄還門的修習而轉入淨門。

淨亦有二：一者修淨，二者證淨。

消泯二邊之執是淨門正修之法；趨入平等之道而妙用現前的是證淨之相。從修淨到證淨，始圓滿一期的修證之道。

修淨者，知色淨故，不起妄想分別；受、想、行、識，亦復如是。

修淨的方法即是智慧的現量觀照。因爲「色不異空，空不異色；色即是空，空即是色」之故，所以了知一切物質之色法，當體清淨，不生不滅，不垢不淨，不增不減；因此，見色之時，即是見性，而不在色上生分別之妄想，不再執取於色的差別之境。而觀受、想、行、識的四蘊也是如此，當體清淨，不生妄想執著。

息妄想垢，是名修淨。息分別垢，是名修淨。息取我垢，是名修淨。

以上舉出了修淨的根本觀智，即五蘊當體即爲空淨，觀爲空淨不異於五蘊，則妄想分別自然不起。此段則進一步闡釋修淨的原理。所謂修淨，別無其他玄妙之法，唯祇在體知皆空之時，而自然停息了一切妄想、分別、取我等所有垢污如此無妄想、分無別，離取我的無修之修，方是修淨之行。

舉要言之，若能心如本淨，是名修淨。亦不得能修所修及淨不淨，是名修淨。

舉要而言之，如果能停息了一切的妄想、分別、取我等虛妄執著，心念符合於原本的清淨之相，而正在淨智觀照諸境之時，也不可起能修與所修的對待，以及淨與不淨的觀念，應一切不立，一切無住，無心直觀，無修而修，方能相應於真淨之道，如此妙修，是名修淨。

證淨者，如是修時，豁然心慧相應，無礙方便，任運開發，三昧正受，心無依恃。

證淨就是關於六妙門的果證問題。習禪者通過一系列的修持用功，當修至淨門時，豁然心慧開朗，相應於道性，而此相應之心慧，處處不離現前的妙照，所以具備了無礙的方便，可在一切境界中運用自在，方便利生。而此無礙之道與方便之用，乃是任運開發出來，即本性在打開覆蓋之後的自然流現，此時所證，正是三昧正受的妙境，其清淨明朗的心地，再也不依恃於一法一塵，唯相應於本性的道妙而活潑起用。

證淨有二：一者，相似證，五方便相似無漏道慧發。二者真實證，苦法忍乃至第九無礙道等真無漏慧發也。

證入淨門果位的程度有二種不同，第一種是相似證，即五方便人在見道之前所開發的相似無漏道慧。修至淨門而未得見道，僅得相似無漏道慧，此乃根器較鈍者，因爲對境界仍有住著，未會無作妙修，故所證尚淺。

第二種是真實之證。屬於根器較利者，能從三界十六心的苦法忍到最後心而見道，又從見道位起妙修斷盡三界煩惱，證第九無礙道之智慧，而成就聖果。

三界垢盡，故名證淨。

此句是總結真實證所達到斷惑的程度。當修行者從見道後而起真修，以淨門的真修之力，息妄離著，斷盡三界所有的煩惱之垢。到了業盡情空之時，再不受五欲諸境所迷，更不落三界生死，無爲寂靜，神通妙用，自在無礙。達到了這一境地，方叫做證淨的真實妙果。

復次，觀衆生空，故名爲觀；觀實法空，故名爲還；觀平等空，故名爲淨。

智者大師恐行人不明觀、還、淨三門在修行層次上的區別，所以最後重又申明其義。

衆生即衆緣所生，修觀之時，知禪定乃五蘊之衆生和合而有，此有不真故即性空，如能如此觀禪定中的衆生當體即空，就是觀門中的觀義。

衆生雖已空了，但能觀之法仍執爲實有，此實有之見乃是執筏而不登彼岸，故用法之後則應捨法，捨法之法，唯在反觀能觀的心本空，更無實法可得，如此觀者即是返本還源之要訣，即還門修習之旨。

雖已見道，若滯於本體，住於此見，仍不平等，於諸法上難免不落執礙，故以此見性之力而觀平等之空，於一切境界中，不起分別執著，不生相對之見，不落有爲之修，祇是依此淨見而隨緣應付，不再被境所轉，如此觀照分明，不受六塵所惑，平等無住，即是淨門的無修真修之妙旨。

復次，空三昧相應，故名爲觀；無相三昧相應，故名爲還；無作三昧相應，故名爲淨。

再從另一層來說，如果行者在修法時能觀諸法因緣生，無我我所有，離禪定中我能入禪定及禪定之境爲我所入等之執，如能與此相應，即爲入空三昧之門。如能離能觀所觀的相對，離之又離，還入無相的本源，則便是進入無相三昧之門，假使依無作妙行，清淨無著，任運開發妙用，則是進入無作三昧之門的淨德。

復次，一切外觀名為觀；一切內觀名為還；一切非內非外觀名為淨。

再進一步結歸觀、還、淨的意義：一切有待於因緣相對而生起觀想的均是外觀，而此外觀便是觀門所攝。離因緣分別，離心觀之妄，直觀心源，還歸本性的無緣之觀，屬於內觀之法；如此觀修便是還門所攝。觀非內亦非外，超情離見，絕諸對待，如此妙觀稱性之用是為淨門所攝。

故先尼梵志言：「非內觀故得是智慧，非外觀故得是智慧，非內外觀故得是智慧，亦不無觀故得是智慧也。」

這是智者大師於最後舉出先尼梵志的領悟而闡明無漏真觀的意義。先尼漢譯為勝年，原是印度外道，後在楞嚴、涅槃等法會上受佛教化而成菩薩。先尼梵志所言的觀智乃是不住內、不住外，也不住於內外與無觀的真妙之觀。因此，若住外觀則分別對待不忘；若住內觀則二邊之見難泯；祇有非內非外，一切平等無住之觀，方合妙觀，如此妙觀不是凡夫的無觀，亦不是有爲的執著之修，乃是即有即無、非空非有的平等不二之觀。以此妙觀，便是直顯本性之妙用，速證無上的智慧勝果，故得是智慧，方是佛法中最珍貴的法寶！

以上已略述六妙門的基本修習之法，行者如能依次進修，則雖無善知識面授，亦能獲得利益。但如於六法之中，修至某處而難以進步之時，則應進修以下第四講中的隨便宜六妙門，以利善巧應用，安心進道。

第四講　隨機方便適宜的六妙門

這一講屬於善巧應用六妙門的第一部分。善巧應用六妙門共有三部分組成：一是隨便宜六妙門，適用於智慧型者修習；二是對治六妙門，對治於障礙型者的實際情形；三是相攝六妙門，指示習禪者如何掌握六妙門的相互攝持的作用，使更善巧地應用六妙門而獲得勝進。以上三個方面共組成六妙門的進修，拓開了另一個新的層級，行者如在掌握次第相生六妙門的基礎上，進一步深入探索此層次的功行，將對修證妙門有極大的利益。

以下按智者大師原文的次序進行闡釋。

這裏所闡釋的六妙門修法，是根據行人的三種情況來確定：一、具有自我抉擇行法與實修是否相適應的智慧。二、具有對其他法門的修持體驗，有一定的運用行法的基礎。三、不樂意於專修一法與次第而修，適用於變動性的行法以相契於某一階段的心境。習禪者具備了以上任何一種條件，均可以學修隨便宜六妙門的行法。

次釋第三隨便宜六妙門。

繼次第相生客觀性的順序漸進的修證之法後，再來闡釋隨順各人根性適宜的六妙門善巧修習方法。此法共分爲七個層次，分別從散心的初學地，直至究竟三乘聖果爲止，一一之中都具備了隨便宜的善巧修法，習禪者可根據自己的情況和所處的層次，對照次第相生六妙門進行善巧抉擇而修，必能得到迅速的進步。

夫行者欲得深禪定智慧，乃至實相涅槃，初學安心，必須善巧。云何善巧？當於六妙門法，悉知悉覺，調伏其心，隨心所便，可以常用。

死守一法，所證必然不深不妙，所以修習六妙門的行者，想要證得深妙的禪定與智慧，乃至欲證悟中道實相與涅槃果覺，在初步修學安心之法時，就必須運用智慧去善巧修習。那麼，怎樣修習纔能善巧而行呢？應當對於六妙法門的基本修法與功用，都須明瞭其相對於心境的各種作用，並試以各法來調伏淺深的心行層次，如果是符合此層次心行的行法，就可以常用此法，便能獲得禪修的利益。

所以者何？若心不便，修治即無益。

爲甚麼要「隨心所便」而用呢？因爲心若不便，修治就沒有利益。現在許多人用功，死守一法，不知轉化運用，於是因心地不安，靜慧不生，久久不得進步，毫無法樂可言。甚至不少人因此而發生身心的疾病，反而怨法門不好，生謗法、謗師之罪。可見修道須具智慧，如不能照於心、用於法，則必困於法、礙於心，修治即無利益了。

是故初坐時，當識調心學數，次當學隨，復當學止、觀、還等。各各經數日。學已，復更從數、隨，乃至還、淨，安心修習，復各經數日。如是數反，行者即應自知心所便宜。若心便數，當以數法安心，乃至淨亦如是，隨便而用，不簡次第。

符合於上述三種條件之一的習禪者，對照六妙門基本修法的具體功行，先從數息開始學修調心之法，每法各修六天，依次學至淨爲第一輪的修法。再從頭開始，依此修學爲第二輪。如果修完二輪後仍未得到安心便宜之法，可以繼續修第三、第四輪，直至確實已經相應於某一法時，就按此法而安心行道。

這是第一層次的散心位的隨宜修法，因爲不簡次第的變化性的輪序練習，同時也可提高興趣，對初學安心有一定的好處。

如是安心時，若覺身安息調，心靜開明，始終安固，當專用此法，必有深利。若有妨生，心散闇塞，當更隨便轉用餘門，安即爲善，可以長軌。是則略明初學善巧安心六妙門，是知便宜用心大意。

通過多輪試修獲得的某法而進行安心練習時，如果覺得身體輕安適暢，呼吸調和安舒，心神寂靜而明朗，而此自始至終，都能安穩不失，由此可知此門已適宜於修法，應當經常使用此法，久久必然能得到禪修的大利益。

如果修持某法，開始時比較適合，中途出現了妨礙——心散闇塞等不安之相時，應當放棄原所修法，再依以前的輪修方便，轉用其他行門，能於某法得安心的，就是善修之法。這一修學規律，可以作為行人的隨宜進修的準則，所謂「安即為善」也。

以上所述是隨便宜六妙門的最基本的原則，也是散心初學者的入門進修之法。有智慧者可以運用這一原則去自由抉擇行門，隨宜而用。

復次，行者心若安穩，必有所證。云何為證？所謂得持身，及麤住、細住、欲界未到地，初禪等種種諸禪三昧，得諸定已。若心住不進，當隨定深淺，修六妙門開發。

以安穩為行禪之因，久久必能得禪定之果。得持身者，自然正直，久坐不疲；

得麤住者，心住於初得不亂；得細住者，心住於法凝然不動。得欲界定則虛豁忘身；未到地則暫失憶持，昏定無覺；初禪具八觸十功德，爲正禪之初。雖得種種禪定的利益，但如果住於某處禪定而不進步，應當反照省察，並隨禪定的淺深而轉修六妙門，以期進一層開發自性妙用。

云何名淺定不進修六妙門令進？如行者初得持身法，及麤細住法，經於日月而不增進，爾時，應當細心修數。數若不進，復當修隨。隨若不進，當細凝心修止。止若不進，當定中觀陰、入、界法。觀若不進，當還更反檢心源。還若不進，當寂然體淨。用此六法，若偏於一法增進之時，當即善修之。

行者初修證得了持身法與麤細住後，經過很長時間都不能進一步深入禪定，此時應當放棄原所修之法，重新開始修數息法，如仍不能進步，就依次進修隨、止、觀、還、淨的五法。假使在修某法時，心境特別明淨，那麼就應善巧採用某法而修。

這是第二層的淺定行者如何進入深定的隨便宜的進修之法。

既漸進入深禪定，便過數境。數相既謝，進發隨禪。於此定中，若不增進，當善修隨、止、觀、還、淨等五法。

這是第三層數息境超越後的進修方法。即在隨禪境上進修五法，以發止禪的善巧之法。

定進漸深，隨境已度。若發止禪，禪若不進、當善修止及觀、還、淨等四法。

在進步的禪定漸漸深入後，隨著禪的境度過，就依止禪而修第四層的善巧之法。

止定進漸深，觀心開發。雖有止法，知從緣生，無有自性。止相已謝，若觀禪不進，當更善巧修觀及還、淨等三法。

觀心開發後，仍住於禪定之境，因此，反觀緣生性空的道理以去其執滯。觀禪若不增進，則應進修第五層的善巧之法了。

觀禪既進，進已若謝，轉入深定，慧解開發，唯覺自心所有法相，知觀虛誑不實，亦在妄情，如夢中所見。知已不受，還反照心源。還禪經久，又不進。當復更善反觀心源，及體淨當寂。

於觀禪後，在深定中開發慧解，可以心眼見身內三十六物及諸蟲戶，明瞭四念處的智慧，但此時應對所觀法相，了知因觀心所擊發，是妄情的虛誑不實之法，猶如夢中所見一樣。了知之後，即不隨境而遷，而不分別其相，所謂「不受」其境。在不受的同時，心心內流反照於心的源頭。如此修習還禪經過一段時間又滯在一處而不進步，則應進修第六層的善巧之法。

還禪既進，進已若謝，便發淨禪。此禪念相觀已除，言語法皆滅，無量衆罪除，清淨心常一，是名淨禪。淨若不進，當善卻垢心，體真寂虛，心如虛空，無所依倚。爾時淨禪漸深寂，豁然明朗，發真無漏，證三乘道。

超越了還禪，便呈現了淨禪的境界。此淨禪中沒有妄念，幻相及能觀之心，言語概念之法均已消失無餘，已從根本上除滅了無始的一切罪業，獲得了常知的清淨之心。即所謂心體無念的清淨境。但如果滯在此處仍不能得解脫之道。所以仍須善卻垢心，打掃妄習，體悟真常寂滅虛妙之性。心要如虛空一樣，既不依於有，也不倚於無，一切不住，一法不著。由此善巧用心，淨禪便漸得深妙寂靜，一旦豁然明朗，便發真無漏之智，證三乘之道果。

這是第七層的證入聖果之法。

此則略說六妙門隨便宜而用，增長諸禪功德智慧，乃至入涅槃也。

以上闡述六妙門隨便宜運用的七個層次的善巧方法，行人從初心開始依此練習，必能增長禪定智慧的一切功德，甚至因善修之故而得證涅槃聖果。

復次，行者於其中間，若有內外障起，欲除卻者，亦當於六妙門中，隨取一法，一一試用卻之。若得差（編案：「差」即「瘥」）者，即爲藥也。治禪障及禪中魔事、病患、功用六門，悉得差也。

此段是智者大師提示六妙門具有對治一切禪障的功能，具體方法可見以下第五講對治六妙門中。

上來所說，其意難見，行者若用此法門，當善思惟取意，勿妄行也。

智者大師最後告誡行人，修隨便宜六妙門應該運用智慧去思惟，並取其善巧運用的原則，切勿固執妄行，否則身心即得不到實際的利益。

由此可知，此一門的修法，全賴智慧的運用與切身的體驗，否則法門縱然微妙變化，如不能抓住安心進道的一關，也無法使行人得到利益。因此，在修此法門時，應時時掌握心境的對比度，並應在調正階段專注而行，如獲得安心相應之法，就應在一段時間內善巧修習，不斷體驗。到了不能進步時，方可轉行他法。

第五講　對治一切障礙的六妙門

一個習禪者或隱晦或明顯地都會出現一系列的障礙，如報障、煩惱障、業障等。當自我感覺到這些障礙嚴重地干擾了正常的修習，那就應該觀察障礙的內容並施以相應的對治方法。此講即專就習禪者坐禪中所出現的三障，而論述運用六妙門的對治除障方法。

次釋第四對治六妙門。

對治就是對應於行者障道的各種心行，而施以針對性的斷除方法，使行者轉化障惑、重顯清淨的心地。障道的心行是坐禪中途最難透過的一種複雜現象，大都來源於久遠的無明業行，它們以心理的習性種子爲覆蓋禪心的正常運轉。要突破障道心行，必須藉助某一相應之法來除障顯理，所以智者大師在闡釋隨便宜六妙門後，有鑑於行者心境的轉換，再申以對治法門，俾使行者知障斷障以顯清淨本來的禪心。

三乘行者，修道會真，悉是除障顯理，無所造作。所以者何？二乘之人，四住惑除，名得聖果，更無別法；菩薩大士，破塵沙無明障盡故，菩提理顯，亦不異修。

就佛法的修證原理來講，不同於外道的有爲之修與心外之證，而是聲聞、緣覺、菩薩的三乘行者，他們通過四諦、十二因緣、六度萬行等道品，而契證於真常之道時，並非從外有所造作、有所得到，而完全是除障顯理的自然成就。如舉聲聞人的修證過程來闡釋這一道理，更易明白。在聲聞教中，把修證過程分爲四種對治：

一、厭患對治：初學聲聞法之人在加行道上，即在見道之前。他要緣於苦集的二種世間因果規律與真理，生起對世俗煩惱及諸苦深刻的厭患心理，從而開始了捨棄三界，摒除五欲的修道生涯。

二、斷對治：從厭患心理之後，就進入了斷除煩惱的對治過程，其中主要是對治三界九地而修九無間道，一一緣四諦真理而正斷煩惱，成九解脫道。

三、持對治：每一無間道後就自然地顯示了解脫道的智與德。以此解脫道的智與德，再緣於四諦真理，攝持從無間道修持體驗到的擇滅的智慧，使在任何心境相對的條件下，不再生起已斷的煩惱。

四、遠方對治：在解脫道後，便進入了勝進道，此時再用遠方對治的方法，再緣於四諦真理，使所斷的障惑轉離得更遠些，不再污染寂滅的清淨。

聲聞人通過四種對治，見道時斷見惑一住煩惱，修道時斷三界思惑的三住煩惱而證無學聖果。緣覺修十二因緣更是如此，無明一破，流轉即絕，自然地成就了辟支佛果。所以除了斷障顯理外更無別法可修可得。

二乘是如此，菩薩大士更以深妙的智慧破塵沙與無明煩惱，而直顯無上菩提的中道實相之理，也同樣沒有心外之法、理外之事，所以「亦不異修」。

此而推之，若能巧用六妙門對治，破內外障，即是修道，即是得道，更無別道。

以上為例而推及六妙門的修持，那麼，假如行者能夠善巧地運用六妙門來作對治之法，去破除行者坐禪心中的內外障礙，這樣以法藥治心病的方法就是所謂的修道。當病除藥亡恢復本來狀態時，也就是得道了。除此藥病相應而用外，更無其他玄妙的修證之道可得。

云何功用六門對治？行者應當知病識藥。云何知病？所謂三障：一者報障，即是今世不善、麤動、散亂障界入也。二者煩惱障，即三毒、十使等諸煩惱也。三者業障，即是過去、現在所起障道惡業，於未受報中間能障聖道也。行者於坐禪中，此三障發，當善識其相，用此法門，對治除滅。

要發揮六妙門的對治功能與作用，習禪者應當在用法之前先要用智慧去瞭解障惑之病的症狀形態，並應識別相對應的治法之藥。歸納其通常出現的障惑之病症，不外爲三種障：

一、報障：依煩惱惑業之因而形成的現在身心果報，其範圍極廣。但專就已發心的修禪者而論，可分爲以下三種類型：

㈠、不正確的思惟習慣，不適合坐禪的身體素質。

㈡、不能入流反思與寧靜的安養，偏於感情的偏激與向外的麤動。

㈢、習慣於分別覺觀，向外攀緣，散亂心中時時自言自語，不能安處一心的狀態。

二、煩惱障：現在所起的有具體意向的煩擾惱亂本性清淨的心理。這種在坐禪中時時出現的煩惱心理，最能障礙聖道的開發。其表現爲三毒、十使等：

㈠、貪毒：引取的心理欲求稱爲貪，在坐禪中以迷戀之心對於一切順情之境的熾然引取而不厭倦，就形成了貪毒。

㈡、瞋毒：恚忿的心理稱爲瞋。在坐禪中以迷執之心對於一切違情之境，熾然而起忿怒而不暫停便爲瞋火之毒。

㈢、癡毒：迷暗無智的心理稱爲癡。在坐禪中心性暗鈍，迷惑於事理而不覺悟，生起熾然的無知妄見，正智便沈溺在無知之中。

㈣、十使：即煩惱的使役有十種：身見、邊見、見取見、戒禁取見、邪見是五利使；貪、瞋、癡、慢、疑是五鈍使。這十使共組成了三界內的見思煩惱。

三、業障：業障的形成乃是行者在過去或現在所造的身、口、意三業，在未受到果報的中間，以其業的罪惡勢力時時有可能出現在坐禪的心靈中，以擾亂其正常的修持。如黑暗、境界逼進、惡念思惟等，都是業障的具體表現。

以上三障都是各人自己種下的因果，故應從自心中去識別其行相，以便從根源上斷除相續的覆蓋作用。

云何坐中知報障起相？云何對治等？分別覺觀心、散動攀緣諸境，無暫停住故，名報障起、浮動明利，攀緣諸境，心散縱橫，如猿猴得樹，難可制錄。爾時，行者應用數門，調心數息，當知即真對治也。故佛言：「覺觀多者，教令數息。」

智者大師先就報障的具體生起現象，以及對治方法進行闡釋。

「分別」是思量識別事理之義。坐禪中的分別心屬於對往事的追憶思惟，以及對坐中種種差別境界的猛利思量推度，這二種都妨礙禪心的安寧。麤思之心是「覺」，細思之心爲「觀」，都是發動名言概念的動因。因爲有分別覺觀之心的作用，所以形成在浮塵緣影上不斷地攀緣散動，妄念便像流水一般無暫停住。這散動之心，猶如猿猴一樣跳躍不止，難可制伏。對這報障所呈現的散動現象，最好是運用數息法來作對治，因爲數息之繩，而制妄動之猿，就能使之降伏歸於平靜。因此，調心數息就是針對報障的真實對治的法門。所以釋尊曾指示說：「覺觀散動偏多的習禪者，應當運用數息法來作對治。」

二者於坐禪中，或時其心亦昏亦散，昏即無記心，闇即睡眠，散即心浮越逸。爾時，行者當用隨門，善調心隨息，明照入出，心依息緣，無分散意。照息出入，治無記昏睡，心依於息，治覺觀攀緣。

第二種報障是坐禪中出現昏沈與散亂都較嚴重的情形，此時應運用隨息法門的雙重對治功能，即以明照息相出入來對治無記昏睡；用一心隨順於息相的入出來對治散動的覺觀攀緣心。因此，用一法即可兼治亦昏亦散的報障。

三者於坐禪中，若覺身心急氣麤，心散流動。爾時，行者當用止門，寬身放息，制心凝寂，止諸憶慮，此爲治也。

第三種報障是坐禪時身、息、心都處於不調和的狀態，如身體緊迫不舒暢，呼吸麤急不細勻，心念也呈不安妄動之象。此時行者應當運用止門的方法來作對治。先要寬鬆身體，使肢節輕利，並放棄對呼吸的緣慮，最後制伏心中奔馳的妄念，使歸於凝然寂靜、無思無慮、無寄無倚的狀態，如此久久便可轉身、息、心的障礙而入於寂靜安穩之中。

復次，云何煩惱障起？云何對治？煩惱有三種：一者於坐禪中，貪欲煩惱障起，爾時行者，當用觀心門中九想、初背捨、二勝處、諸不淨門，爲對治也。

其次是關於煩惱障的對治方法。也分爲三種狀態：一是坐禪中如出現貪欲的妄覺，應運用觀心門中的九不淨想，八背捨中的初背捨，八勝處中的第二勝處等不淨觀法去對治。但觀想之法在練習時，一是注意方法，二是明瞭次第，三要從體驗中解脫貪欲的執著根源。所以一定要專注深入方能湊效。

二者於坐禪中，瞋恚煩惱障起。爾時行者，當用觀心門中，慈、悲、喜、捨等，爲對治也。

第二種煩惱障是在坐禪中出現瞋恚的忿怒的意念時，則應運作四無量心來轉化私我狹隘的執著，開闊胸懷，久久自然除障顯理，呈現廣大的慈悲心量。

三者於坐禪中，愚癡邪見煩惱障起。爾時行者，當用還門，反照十二因緣，三空道品，破折心源，還歸本性，此爲治也。

第三種愚癡邪見煩惱在坐禪心中出現時，應當運用還門照理歸源的方法來對治。如反照十二因緣與三空道品等，破折一切有爲的執著，打破對自心的謬解，使之還歸本性。

復次，云何對治障道業起？業即三種，治法亦三：一者於坐禪中，忽然垢心昏闇，迷失境界，當知黑闇業障起。爾時行者，當用淨門中，念方便淨應身三十二相清淨光明，爲對治也。

最後是關於業障的對治修法。業障的出現也有三種不同，第一種是坐禪時忽然心失明照一片昏闇，內外境界一齊迷失，並可能伴隨著出現一種恐懼感，對於這種黑闇業障的出現，最好的對治方法，就是觀想阿彌陀佛的三十二相，及清淨光明的妙德。詳細修法可參考《十六觀經》及有關應身觀法。

二者於坐禪中，忽然惡念，思惟貪欲，無惡不造，當亦是過去罪業之所作也。爾時行者，當用淨門中，念報佛一切種智圓淨常樂功德，爲對治也。

第二種業障態是坐禪時，忽然出現蜂湧而至的惡念思惟貪欲等事，由於欲念的衝動，在禪心裏無惡不造，形成了與清淨心强烈對比的惡念心。對於這種過去罪業慣性的惡思惟出現時，應當運用淨門中觀念報身佛的智慧、光明、清淨、真常、妙樂等功德來作對治，使欣慕佛法的心油然生起，從而轉化了惡念思惟的業障。

三者於坐禪中，若有種種諸惡境界相現，乃至逼迫身心，當知悉是過去、今世所造惡業障發也。爾時行者，當用淨門中，念法身本淨，不生不滅，本性清淨，爲對治也。

第三種業障態是坐禪時的種種恐怖的聲音、色相等境界的逼迫身心，即惡業造作後未報前的影子的重現，此時應當運用淨門中的直觀法身的本體清淨、不生不滅、無垢無淨等來對治，正如維摩詰所說：「罪不在內、不在外，本性空故。」由本性清淨故，没有惡境界，也没有能受之人，故直入法身平等之中而成解脫。

此則略說六門對治斷除三障之相，廣說不異十五種障也。

以上為略說之法，廣說則加病障三類與魔障三類便成十五障的對治之法。

復次，行者於坐禪中，若發諸餘禪深定智慧解脫，有種種障起，當於六妙門中善巧用對治法也。

不但麤障對治是如此，就是行者深入禪定智慧解脫之後，如遇到細障礙也應運用六妙門去善巧對治，方能克勝。

麤細障法既除，真如實相自顯，三明、六通自發，十力、四無所畏，一切諸佛、菩薩功德行願，自然現前，不由造作。故經云：「又見諸如來，自然成佛道。」

智者大師在最後歸結障除理顯的原理說：「麤與細的障惑既已斷除，那麼，真如實相之理也就自然顯現。不僅如此，本性的三明、六通、十力、四無所畏，一切諸佛、菩薩的行願功德，也無不一一流現出來，自然圓成不由造作。所以佛在經中對障除理顯的弟子說：『又見衆生心中的如來，在斷除無明障惑後，自然而然地流現了大覺妙道。』」

第六講　相互融攝的六妙門

障除理顯的原理與六妙門除障方法已如上述。修六妙門者應針對自己目前最明顯的障惑進行對治，不可無的放矢，否則就發生不了對治的作用。並且，對治之法一定要堅持到障除理顯爲止，如障惑未除，中途又改換他法，則會前功盡棄，也起不了對治的作用。

接下來是講解相攝六妙門。

智者大師提示習禪者到了相當純熟時，應瞭解契會法法相攝融通的道理，以便於從差別互不相融的法上解放出來，因而使法不再有負擔感。由此，行者祇要善巧安心於六妙門法中的任何一門，都可以賅括其餘五門的功用。透過此意，也就可以融攝整個佛法。所以相攝六妙門是從博返約，從一顯多的特別妙修之法。

次釋第五相攝六妙門。

智者大師在闡釋了對治六妙門之後，在法門的運用上，就自然而然地要進一層論述其中最微妙最圓活的相攝之法了。

相攝就是法與法之間具有相互融攝的內在聯繫。因此，行者祇要熟悉了六妙門的各種功用特徵，便可以在修一法時，體現了其餘諸法的功用。這樣六妙門就形成了三十六妙門之法了。

夫六妙門相攝，近論則有二種，遠尋則有多途。何等爲二？一者六門自體相攝；二者巧修六門出生勝進相攝。

有關六妙門的相攝之義，從淺近的方法論上來講，就有自體與勝進的二種。如依佛法深廣無量來尋其妙用之義，則有許多途徑。現僅就淺近的方法論來闡釋。第一從單純法義上是自體相攝義；第二從行者巧修出生的體驗來講，則是勝進相攝義。

云何名自體相攝？行者修六門時，於一數息中，任運自攝隨、止、觀、還、淨等五法。

怎樣叫做法自體相攝呢？行者在修六妙門時，從一個數息法中，就可以任其功行的推進而賅攝以下五門的功能。

所以者何？如行者善調心數息之時，即體是數門。心依隨息而數故，即攝隨門。息諸攀緣制心在數故，即攝止門。分別知心數法及息了了分明故，即攝觀門。若心動散、攀緣五欲，悉是虛誑，心不受著，錄心還歸數息故，即攝還門。攝數息時，無有五蓋及諸麤煩垢，身心寂然，即攝淨門。當知於數息中即有六門，隨、止、觀、還、淨等，一一皆攝六門，此則六六三十六妙門。

爲甚麼說一門中具五門功能呢？譬如習禪者在用功時，因善於調心而進行數息的時候，此所修之法的本質，就是數息法門。正在數息之時，心念能隨順出入的呼

吸，而從一至十地數，就是賅攝了隨息法門的功能。如果把心念制止在數息上，停息了所有的攀緣的念頭，就賅攝了止門的功能。如果以能觀之心，去分別了知心念在數字的循序過程，及息道的出入之相，都能一一了了分明，觀照不謬，那麼就賅攝了觀心門的功能。假如正在數息時，心念散亂不止，攀緣於五欲的妄境時，覺知都是虛誑之法，心中不受其塵，不著其味，並把心念收攝起來，反歸於數息法中，如此便賅攝了還門的功能。攝心在數息時，心淨如虛，不再有五蓋（貪、瞋、睡眠、掉悔、疑）以及諸多的麤煩的垢染，身心是湛然寂然，平等無住，那麼此時就已攝入了淨門的妙德了。由此可知，在數息一法中就具有六門的功能。其餘的隨、止、觀、還、淨等，也同樣具備另外的五門的功用，這樣就形成了六六三十六門的妙用之法了。

上來雖復種種運用不同，悉有今意。若不分別，行人不知。此則略說六妙門自體相攝，一中具六相也。

以上各章雖然在運用上各個不同，但每一章中也都有現在所說的相攝之義。由於各人的體驗不同，所以如果不把此義特別指陳，恐怕行道者不明白，那就不能靈活運用妙門了。這裏是略說六妙門自體相攝法義内一中具備六種功能的意義。

復次，云何名巧修六妙門，出生勝進相攝相？行者於初調心數息，從一至十，心不分散，是名數門。

那麼怎樣叫做巧修六妙門出生勝進相攝的功能呢？行道者在初步調適心意安穩地從一至十地數息時，達到了心不分散的地步，這就是數門的起修。

當數息時，靜心善巧，既知息初入，中間經遊至處，乃至入已還出，亦如是。心悉覺知，依隨不亂。亦成就數法，從一至十，是則數中成就隨門。

當進入安穩的數息時，因爲心既明靜而又善巧，那麼就能了知息相鼻端初入，中間經歷呼吸道直入臍下，然後再呼出。心裏在數息的同時，對於呼吸的出入能夠覺知明照，依隨著出入而不生亂心。這樣就在數息法中成就了隨息法門。

復次，行者當數息時，細心善巧，制心緣數法及息，不令細微覺觀得起，剎那異念分別不生，是則於數中成就止門。

其次，當行者在數息時，因為運用細心中的善巧之故，能把心念制止在數字循序及息相上，不使之生起細微的覺觀妄念，並連剎那的短暫異念（漂離數與息的任何念頭）的分別也不讓出現，這樣巧修，就在數息法中成就了止門功能。

復次，行者當數息時，成就息念巧慧方便，用靜鑒之心，照息生滅，兼知身分剎那思想，陰入界法，如雲如影，空無自性，不得人法。是時於數息中成就息念巧慧觀門。

再進一步，行者正當在數息之時，成就了妄念停息的禪境，巧妙的觀慧方便自然地流露了出來，此時應用靜止如明鏡般的心地去照了息相的生生滅滅，同時也應覺知身體內剎那思想的變化，以及五陰、十二入、十八界之法，都如同天上飄浮的雲與物體的影子一般，空無自性，由此證知人與法都不可得。觀照到證知不可得時，就在數息中成就了觀心門的功能。

復次，行者當數息時，非但成就觀智，識前法虛假，亦復善巧覺了觀照之心，無有自性，虛誑不實，離知覺想。是則於數息中成就還門。

觀心成就之後，正當數息這時，不但觀智歷歷在前，明照心眼前的諸法虛假不真，同時更進一層善巧覺了觀照之心，也沒有自性，同樣的虛誑不實，於是離知覺的妄想，契入心的源頭。這樣就在數息中成就了還門的功能。

復次，行者當數息時，非但不得所觀能觀，以慧方便，亦不得無能觀所觀，以本淨法性，如虛空不可分別故。爾時，行者心同法性，寂然不動。是則於數息中成就淨門。

到了最後一步時，行者正在數息境中，不但能所相對之觀心不可得，因為用本具妙慧的方便起用故，也不執著於無能觀所觀的空無一邊。所以證知本來清淨的法性，猶如虛空之寂然無為，而不可分別。修到此時，行者之心完全契證於法性，寂寂然而不可動搖。這就是在數息中成就了淨門的功能。

以五門莊嚴數息，隨、止、觀、還、淨，皆亦如是，今不別說。此則六六三十六，亦名三十六妙門。行者若能如是善巧修習六妙門者，當知必得種種諸深禪定智慧，入三乘涅槃也。

如果行者能領悟勝進相攝的法義，去進行善巧地修習六妙門，如實去體驗契證，不限次第，不執一法，靈活運用，久久必能證得種種深禪定與智慧功能，最後究竟時，則證入三乘的涅槃之果位。

相攝六妙門是融通法用上的極點，所以祇有到了純熟之後方可運用。初心由於對法門的不熟悉，修此法反而易分心。其次，依此法證得禪定與智慧，如果未得真正解脫與大成就，仍不可停滯在此法上而以為究竟，故還須開啓正慧，明解聖道妙法，方有助於迅速成就道業，圓滿菩提。

第七講　通修別證的六妙門

這一講是六妙法門的漸修聖道部分的第一層次。內容屬於通別門，它闡釋了凡夫、外道、聲聞、緣覺、菩薩的五種性質之行者，在通修六妙門時的差別功用，以此使行者明瞭聖道行的可尊可貴。第二層次旋轉門，專就菩薩體悟真空之後如何旋轉緣起妙有的善巧功用。

這二門主要是對適合於漸修聖道之人而設立的，因此，不厭其煩地層層闡釋，使行者每行一步都有法可依，而且在心行上，均可對照其層次。

前面幾講論述的都是通法，即沒有特別闡述行者個性的差異因素，所以僅是方法性的。在這一講裏，智者大師爲了引導行人明確不同的理論、見地、根性在修同一法時所產生的迥然殊別的結果，因而使人放棄凡夫、外道及二乘的知見與功理，一心尋求菩薩道的真實大法。

次釋第六通別六妙門。

接下來就要詳細地闡釋通別門的意義。通有共同的、相通的含義，別則是差異的，特別的意思。

所以言通別六門者，凡夫、外道、二乘（聲聞、緣覺）、菩薩，通觀數息一法，而解慧不同，是故證涅槃殊別，隨、止、觀、還、淨，亦復如是。

就具體而言，凡夫、外道、聲聞、緣覺、菩薩的五種類型的修學者，雖然都共同地觀修數息一法，但是對法以及對於人生的認識不一樣，下手做工夫時所起的效益也就有很大的差別，所以在結果的「證」上，就完全不同。除數息法以外，其餘的隨、止、觀、還、淨的五門也一樣。不但如此，一切佛法，乃至人生世間的一切法都是這樣，由不同的人生觀去實踐時，其結果也必然地完全不同。因此，修學六妙門，應注意佛法真理的熏陶，日積月累，使我們從無明妄執中解脫出來，重現人生的真實面目，開創新生命的一片嶄新天地！

所以者何？凡夫鈍根行者，當數息時，唯知從一至十，令心安定。欲望此入禪，受諸快樂。是名於數息中而起魔業，以貪生死故。

那麼，凡夫的行相會是怎樣呢？凡夫因爲根性極鈍，沒有智慧去透視人生，所以在不明瞭人生真相的情況下，認爲身體、壽命、感受、佔有是人生最重要組成部分，所以當他修數息以及其他一切功法時，祇是希望心念安定舒服，身體健康、壽命延長，並希望得到禪定的快樂。集中一點講，就是通過練功，佔有屬於「我」的生命，並盡可能地得到樂趣與享受。因爲凡夫修法的動機是「佔有」，那麼，必然地以「我執」、「我念」、「我愛」、「我有」等爲核心地去練功，如此之修學，正是造煩惱之因，所起的也無非是魔業。其主要原因，就是把虛妄的生命當做實有，所以貪心不止，煩惱不斷，其結果不免流浪生死。

目前氣功界這一現象極爲普遍，除了氣功師錯亂的引導外，不過按照「人」的觀點，並不足爲害，祇是功到深處時，難免要出偏。但是少數佛教徒，卻不務正業，又去修一些氣功或專搞身體的法門，其動機、其見地，豈非又落入凡夫的迷執之中？重操已將捨棄的虛妄法，實在可惜！

復次，如利根外道，見心猛盛，見因緣故。當數息時，非但調心數息，從一至十，欲求禪定。亦能分別現在有息無息，亦有亦無，非有非無；過去息如去不如去，亦如去亦不如去，非如去非不如去；未來息有邊無邊，亦有邊亦無邊，非有邊非無邊；現在息有常耶？無常耶？亦常亦無常耶？非常非無常耶？及心亦爾。隨心所見，計以爲實，謂他所說，悉爲妄語。

所謂外道，一般指不修佛法正道，不悟心外無法的修道者。這一類人除對人生有一定程度的妄執外，更重要的是「見心」極其「猛盛」。所以往往在坐禪中沿著主客相對的思惟習慣去探索人生宇宙的規律，所得的結論，也往往因人而異。在印度就有外道六師、十三外道、二十外道、三十外道，以及九十五種外道等不同，他們計著所思惟的「時」、「五大」、「相應」、「壽者」、「因中有果」等觀點爲人生宇宙的真理，但均迷緣起性空的根本諦理，所以在因果、心物等問題上就產生了謬解，走向虛妄的修道之路，而不得真正解脫。

這一段旨在顯明外道修數息法時的一般的特徵。即他在數息功行中，要分別息的有或無，亦有亦無，非有非無等存在與不存在之間的種種相狀。或者是思惟息相的過去、現在、未來等時間性的流變問題，以求息的真實與否。再或尋求息的空間的邊際問題與息的永恆性與暫時性問題，以期通過對息的尋索，把握人生宇宙的真實相。並以自己的領悟為真理而排斥異說，否定非我。

是人不了息相，隨妄見生分別，即是數息戲論，四邊火燒。生煩惱處，長夜貪著邪見，造諸邪行，斷滅善根，不會無心，心行理外，故名外道。

因為外道不明瞭息相乃至人生宇宙的一切事物，都不過是緣起的假相，不明瞭緣起性空，卻反而在假相上起妄見分別，欲求得真實的諦理，這就落於戲論之法，雖然在哲理的「空」、「有」、「亦空亦有」、「非空非有」等角度去探索，卻都是違背中道真諦的妄想顛倒。所以由於妄見猛利就不能真正安心，在生死長夜之中，貪著自以爲是真理的邪見，由此帶領徒衆，廣造一切邪行，迷惑自他，斷失善根。究其根本的原因，就是因爲以妄心取妄境，能所不泯，不會無心之道，所以心念流行在無生的真理之外，如其所行，即名爲外道。

現代的宗教界與氣功界，不悟緣起性空之道，不發出離之心，不起慈悲之願，而進行的以「妄見」爲根據的一切功行，如信息論、特異功能論、神佑論、氣理論、遙感論等，都屬於現代外道之行，其最終不可能得到真實的開智慧，獲解脫的勝果。

如是二人，鈍利雖殊，三界生死，輪迴無別。

以上凡夫與外道的二種修禪之人，雖然在根機上有鈍與利的差異，但因爲沒有出離心與慈悲正智心，所以以貪著生命爲因，所得之果也就難免是生死輪迴不已的了。

復次，云何名為聲聞數息相？行者欲速出三界，自求涅槃故，修數息以調其心。爾時，於數息中不離四諦正觀。

在出世間的聖道修行中，以聲聞為初，緣覺為中，菩薩為後，那麼怎樣是聲聞乘人在數息時的行相呢？行者如果看破五欲世間的罪惡與痛苦，對於人生世間的一切有為事業，不再抱積極態度，心如冰雪，惟在心中一意地尋求速出三界的道法，因為發心之量不大，所以惟求自了，不樂度他。這樣的行者在修數息等法時，總以四諦觀法貫徹始終，即厭苦斷集，慕滅修道。

云何於數息中觀四真諦？行者知息依身，身依心，三事和合，名陰界入。陰界入者，即是苦也。

那麼怎樣在數息中體現四種真諦的觀修呢？首先行者在息中明瞭苦諦之智：呼吸是依賴於身體而存在，身體又依賴心識而運動。息與身屬於「色蘊」，一念之心分具「受、想、行、識」的四蘊，故知在三事和合之中具備五蘊。其次，身中六根與思想等所對六塵爲十二入法；其中各具眼界乃至意識界而成十八界。

這五陰、十八界、十二入，就是生死的苦報，三苦、八苦無不依此而受，所以可以在息、身、心的三事和合中，明瞭苦諦。

若人貪著陰界入法，乃至隨逐見心，分別陰界入法，即名爲集。

苦是果，集是因。明瞭苦之緣起根源即是斷集之智。

如果行者在陰界入的苦報之中，起心貪著，以此爲實，並造種種煩惱惑業（凡夫），乃至於隨逐妄見之心，分別陰、界、入法的妄相，起錯謬邪見，廣行顛倒（外道），都是世間苦果的集起的因業。

若能達息真性，即能知苦無生，不起四受，四行不生，即鈍使利使，諸煩惱結，寂然不起，故名爲滅。

如果行者能了達息相的真性——證得了不生不滅的真性本空之理，就能證知苦本無生，因為無生故，所以在一切境中不起苦受、樂受、不苦不樂受乃至寂滅受。集諦中的因、集、生、緣的四煩惱行也不再生起，即遠塵離垢，貪、瞋、癡、慢、疑的五鈍使，與身、邊、見、戒、邪的五利使等一切煩惱結使，也寂然空淨，不再有生發之條件。如此所證的解脫無生的聖德，稱之為滅諦涅槃。

知苦正慧，能通理無壅，故名為道。

能觀知苦的正確的智慧，並能透過諸法而通達於真理，無壅無塞，解脫煩惱，開顯勝智，如此之正慧之觀照，就是道諦的功用。

若能如是數息，通達四諦，當知是人必定得聲聞道，畢故不造新。

假如行者能夠這樣去運心數息，於數息法中通達四諦之理，必定可以證得聲聞之道，成阿羅漢果。三界的煩惱惑業畢竟寂滅故，所以不再造五欲諸業，也就不落生死後有，於是於生死中得自在。

復次，云何於數息中入緣覺道？行者求自然慧，樂獨善寂，深知諸法因緣。

怎樣在數息法門中證入緣覺道呢？如果行者的發心是要尋求不由師教而獲得體悟的自然之智慧，因此，樂於自我獨處的反思觀照，領悟人生的真理，並能善於在寂然無爲的心中，消泯塵世的煩惱，呈現心地的清淨之境。由此而透徹地悟知一切人生萬法的生滅因緣，從而把握了諸法的根源與發展的規律。

當數息時，即知數息之念，即是有支，有緣取，取緣愛，愛緣受，受緣觸，觸緣六入，六入緣名色，名色緣識，識緣行，行緣無明。

基於以上的前提，緣覺乘的行者當他進行數息的時候，就能了知數息的念頭就是「有支」——不斷地運心攀緣息的出入之相。而這「有」是因爲「取」支的趨向與造作而形成，因此，「有」是緣於「取」而來。但這「取」並非憑空而生，乃是出於對息相及息法的功用、感覺等的愛的動機所造成。因此，「愛」是形成「取」

的動因。然而「愛」的緣成是由於對息法、息相、息用等的概念、感受等的領納作用。而「受」是來源於六根對於息等六塵的接觸——相互間的反映作用。而這種反映之觸，則源於六根的功能——能看、能嗅的直覺功能。再進一步深入，這六根的功能，無一不是植根於肉體與精神的存在——名色；而名色如果沒有「識」的不斷相續執持與維繫作用，也斷斷不會保持自我。但「識」的主體也並非永恆的「自我」，它不過是業的因果流現的一種持續妄力而已，所以離開了業行，也不可能有「識」的主體意識的存在。而這「業行」是不是永恆的固有的東西？究其業行之源，原來最後的罪惡之首，即業行的策動者是無始以來的「無明」。「無明」雖有許多層次的解釋，綜而論之，凡是衆生不了緣起性空的真理，惑於身心與世界，以爲實有而取相造業的妄認妄知皆屬無明。

當緣覺行者追尋到了無明之源，就知道，祇要脫出無明這覆蓋，那麼，一切生死煩惱，就會不斷而自斷了。所以緣覺觀十二因緣，其根機比聲聞觀四諦要利些，因爲更直接故。

復觀此息念之有，名善「有」爲業。有善因緣，必定能感未來世人天

「受」。「受」因緣故，必有老死憂悲苦惱。三世因緣，生死無際，輪轉不息。本無有生，亦無有死，不善思惟心行所造。

再觀這現前一念攀緣於息相的有爲之作，雖然這「有」是善業的造作，但因爲有造作之善因與善緣，則必定能在果報上感得未來之世的或人或天的「受」。有了果報之受，則必定有生死與憂悲苦惱的存在。因此，從現前一念的善有緣息之心的因因果果而推知，三世的流轉因緣，的確是「生死無際，輪轉不息」。而萬法的本性，原本没有生死可得，一切的報與受，都是妄心出流；著相造業的「不善思惟心行所造。」如能逆轉因緣，截斷無明妄業，打開本淨妙性，則當下即得解脱自在！

若知無明體性，本自不有，妄想因緣，和合而生。無所有故，假名無明。無明尚爾，亦不可得，當知行等諸因緣法，皆無根本。既無行等因緣，豈有今之數息之實？爾時，行者深知數息屬因緣，空無自性，不受不著，不念不分别，心如虛空，寂然不動，豁然無漏心生，成緣覺道。

假如行者從正思惟的觀照中，體知了無明的體性，就如空中的雲層一樣，本來就不是真實之有，祇因無始以來的妄想因緣——即受、愛、取、有等和合而產生。如今這虛妄的無明，因是有而非有，所以借「無明」的假名以名之。無明尚且是虛妄不實之物，那麼由無明緣起的行等因緣之法，更都是妄業流轉之假相，均沒有一個實在的根本之體。既然沒有行等因緣的流變之真，那麼，豈有現前一念的數息的實存?當行者體知了因緣的真理時，就深透地悟明了數息之法屬於一時的因緣，而因緣本空，息、身、心三者，均無自性。既知無有自性，則正在數息之時，不再領納息相的種種反映，也不住著於心息之間的過程。既不起能念所念的對待，也不分別心息相交的微細流注。如此心無依倚之際，猶如虛空，內不住心，外不住境，於是契入寂然不動的心體，豁然之間，本性的真無漏之心智頓時現前，於是便成就了緣覺之道，得辟支佛果。

復次，云何名爲菩薩數息相?行者爲求一切智、佛智、自然智、無師智、如來知見、力無所畏、愍念安樂無量衆生，故修數息。欲因此法門入一切種智。

上面已經闡釋了凡夫、外道、聲聞與緣覺的四層修數息時所表現出來的動機、知見及過程與結果。而論這四層的目的，就是使行者趨入菩薩乘，因爲菩薩乘在各個方面都具有以上四層所不能達到的特殊微妙的功德。

那麼怎樣是菩薩修數息的行相呢？菩薩行者最初的動機，爲了尋求最究竟的人生目標，所以爲了開啓一切智——知一切法的總名總相，即性空之體；佛智——同時徹見諸法性相而無餘的大智慧；自然智——不由修得的本具開顯之智；無師智——不由教誨，無須文字的自性啓照之智。如來知見——證如來究竟妙覺時的大解脫自在知見；力無所畏——慈悲行願、廣度衆生，入一切不思議之境而無所畏。不但上求佛智佛德，同時也慈悲愍念一切衆生，設法安樂一切有情，由此動機與願求所以去進行數息的練習，其目的就是通過此法門而證入最圓滿的一切種智。

> 所以者何？如經中說：「阿那般那，三世諸佛入道之初門。」是故新發心菩薩，欲求佛道，應先調心數息。

爲甚麼說菩薩上求下化之初要先修數息法門呢？佛在經中曾經說道：「數息等

息念法門，是過去、現在、未來的一切諸佛進入佛道的最初下手用功的門徑。」由此可知，新發心的菩薩，想究竟證悟佛道的殊勝之果，就應當先調心修數息法。

當數息時，知息非息，猶如幻化。是故，息非是生死，亦非是涅槃。

菩薩進入數息時，以其廣大的觀智去照了息相，了知息的出入，當體即空，於空中見此息相，猶如幻化一般，沒有實體。所以息相的出入，既不是實有的生死之法，因其本性空故；也不是涅槃之道，因其不離幻化之假故。乃是不空不有，非真非假的中諦妙境。

爾時，於數息中，不得生死可斷，不得涅槃可入。是故，不住生死，既無二十五有繫縛；不證涅槃。則不隨聲聞、辟支佛地。

以不空不有的觀智去照了息相時，生死本空，就沒有實在性的生死可以斷除，又不離幻化假，那麼也就沒有實在性的空寂涅槃可以證入。所以，因爲不住著於生死污染法，就没有三界二十五種有漏法的繫縛，即超凡夫、外道等三界生死法。不證涅槃空寂之故，就不會墮在聲聞與辟支佛的祇有偏真之理體而不具廣大微妙功德的二乘之地。

以平等大慧，即無取捨心，入息中道，名見佛性，得無生忍，住大涅槃，常、樂、我、淨。

因為菩薩於修數息法時，既不住生死，也不入涅槃，所以就以平等無住的大智慧照了一切相對諸法，即以不取任何一法，也不捨任何一法，使真如自性徹底顯現，悟入息相法所體現的中道實相。如此所見之道，就叫做明見佛性，於是證得無生理而忍可於心，無住而住於不可思議的大涅槃境，真常、妙樂、大我、圓淨的功德，時時現前。

故經云：「譬如大水，能突蕩一切，唯除楊柳，以其軟故。生死大水亦復如是，能漂没一切凡夫之人，唯除菩薩住於大乘大般涅槃，心柔軟故。」是名大乘行者於數息中入菩薩位。

智者大師引經中水的突蕩性來作譬喻：「水能沖去一切堅硬的阻擋物，卻無法把楊柳沖去，這是因爲楊柳是有柔軟的隨順性。生死大水也是一樣，它能漂沒一切妄見迷執的剛强凡夫，但因爲菩薩既不染世間，又不住於出世間，所以唯除住於平等的大般涅槃的菩薩，因其心柔軟之故。」這樣就是菩薩在數息中以平等觀智悟見中道實相，而證入菩薩位。

這裏的菩薩行法，重點在見道上。所以依此法修持，應以不二之理熏陶於心，在數息時，即以此理而作觀照，久久自然趨入無生之理而悟道。而悟後起修之法，智者大師在下一章旋轉門中，有極詳盡的闡釋。

此則略說數息妙門，凡聖、大小乘、通別之相。數息雖通，須解殊別之相。當知數息雖同共修，隨其果報差降。餘隨、止、觀、還、淨一一妙門，凡聖、大小乘、通別，亦復如是。

以上是簡略地闡釋數息妙門中的凡夫、外道與三乘聖人及大乘小乘的通修別證的現象。數息一門雖然是通修之法，但行者必須瞭解各人動機、知見的不同所產生的差異性。因此，行者當知數息雖是共同行法，而不同根性人去修習時，所得的果報便有高低的差異。除數息門外，其餘五個妙門也是如此。

我們瞭解了六妙門的共通性與個人運用智慧的差異性後，就可以反照自己在六妙門的功行中的動機、知見、功行過程的智慧差異，從而得出在五種性中的位置與未來之果。並透過此義，盡量地接近於菩薩乘，使之在修持中符合於真正的中道平等大慧，明見佛性，開啓正智。見道之後，就可以展開從空出假的菩薩旋轉門，使妙假之用，廣大無邊，賅攝萬法，成就不可思議的功德。

第八講　旋轉啓用的六妙門

此講闡釋聖道漸修菩薩在初見佛性之後，從空出假，起旋陀羅尼，廣觀即相無相的世出世間的一切妙境，開發無盡妙智，成就利樂一切衆生的慈悲化導之法。

要起旋轉之行，菩薩先須悟證真空理性，即根塵迴脫的離知真境（奢摩他），然後方可在絕待法性上起旋轉出假的廣觀諸法的妙用（毗婆舍那）。證悟真空理體是根本智，但不同於二乘的偏空。啓開出假妙觀的是差別智，如善財童子五十三參，即是廣開差別智的法門。

次釋第七旋轉六妙門。

接下來再闡釋旋轉六妙門的觀修方法。旋轉是形容菩薩以中道正智爲中軸，以空中起旋轉爲妙用，以從小旋轉到廣大無際之旋轉爲成就，無論大圈或小圈的旋，都不離中軸，同時也是自成圓融的整體，因此，又稱爲旋陀羅尼，因爲旋轉妙假能總一切法，持無量義故。

上來所說六妙門，悉是共行，與凡夫二乘共故。今此旋轉六妙門者，唯獨菩薩所行，不與聲聞緣覺共，況諸凡夫。

以上所述的六妙門是共行法，無論何種根性之人均可依之修學。而現在所闡釋的六妙門是純粹的菩薩法，所以又稱「不共」之法。

所以者何？前六通別六妙門觀中說，名從假入空觀，得慧眼一切智。慧眼一切智，是二乘菩薩共法。今明從空出假旋轉六妙門，即是法眼道種智。法眼道種智，不與聲聞、辟支佛共。

爲甚麼說旋轉門不與二乘與凡夫共呢？在前一講中的通別妙門中，是從因緣假有之法體入真空之觀，證得慧眼一切智，即悟證人生宇宙性空之智，此智是二乘菩薩的共般若法。不過，二乘證智後便沈空滯寂，不起妙假；菩薩則不住此空，而出妙觀，成就法眼道種智。所以，菩薩從體起用的觀智與滅身滅的滯體無用的二乘就完全不同了。

云何菩薩於數息道中，修從空出假觀，起旋轉出一切諸行功德相？所謂菩薩行者當數息時，當發大誓願憐愍衆生，雖知衆生畢竟空，而欲成就衆生，淨佛國土，盡未來際。

怎樣是菩薩在「空」的體悟中起妙假之行？菩薩在發心修數息之前，先應立大誓願，效法普賢、觀音、地藏、文殊諸大菩薩的大行、大智、大悲、大願，雖知衆生畢竟空，但於空中建立一切利樂衆生、莊嚴國土的度生事業，因此弘誓大願，盡未來際而無盡，引導行者深入種智，開悟迷情。

作是願已，即當了所數息，不生不滅，其性空寂，即息是空，非息滅空，息性自空。息即是空，空即是息，離空無息，離息無空，一切諸法亦復如是。

願爲諸行之王，故發願之後即導入正行。菩薩起數息行時，即以所體悟的真空爲妙觀之智，去照了息相的不生滅性，因息性空寂故，所以息空不二，不必離息外，尋覓一個空性。因此，是當體即空的般若妙觀，觀息如此，觀一切諸法也是如此。正如《心經》所云：「空不異色，色不異空，空即是色，色即是空。」那麼，這個「色」，不但可以代表「息」，也可以概指一切的萬法。因此，以空假不二的觀智去照了萬法，則處處即呈現中道的現量之境。

息空故，非真非假；非世間非出世間。求息不得息與非息，而亦成就息念。其所成就息念，如夢如幻，如響如化。雖無實事可得，而亦分別幻化所作事。菩薩了息亦復如是，雖無息性可得，而亦成就息念，從一至十，了了分明，深心分別，如幻息相。以有無性如幻息故，即有無性世間出世間法。

菩薩了悟息性本空之故，所以其中無真無假，也非世出世法，也沒有息與非息的兩邊分別。雖然悟假相而即空，但不妨從即空中出於妙假，成就如幻如化的息念乃至世出世一切諸法。

這顯示了見性之人，並不是住在體上，而應隨緣起用。在隨緣中，體悟幻化之相，而假而空，見相而即見性，如此性相不離，空有不二，時時即用而空，即空則用，菩薩的旋轉妙用，就可以得到開發。

所以者何？無明顛倒，不知息性空故，妄計有息，即生人、法執著愛見諸行，故名世間。因有息故，即有陰、界、入等世間苦樂之果。當知息雖空，亦能成辦一切世間善惡因果，二十五有諸生死事。

這一段闡釋空中出生世間妄業因果相的原理。衆生迷了本空之理，而成無明顛倒的惑障，所以有人執法執及愛見的種種行爲，這世間造作之因力。執著有息的實在性，即受惑於陰、界、入的苦報。這是世間的果上之受。因此，可知息性雖空，但迷此本空之性，也能形成世間的善惡因果與三界的二十五有的生死輪迴之事。

復次，息相空中，雖無出世間相，而非不因息分別出世間法。所以者何？不知息相空故，即無明不了，造世間業。知息空無所有故，即無無明妄執，一切諸結煩惱無所從生，是名出世間因。因滅故，得離後世世間二十五有等果，名出世間果。能出世間顛倒因果法故，是名出世間法。

再就出世間而言，在息相本空之中，雖然沒有出世間相，但並非不能在息上分別出世間法。分別出世間的因果之法，即：

一、悟知息空不二的正慧，能了無明妄執，不再造世間妄業，就是出世間因。

二、因滅故果滅，本具的自性莊嚴妙德自然呈現，這即是出世間果。總之，所謂出世間法，就是離世間的顛倒而已！

於出世間真正法中，亦有因果。因者，知息空正智慧，爲出世間因，妄計息中人我無明顛倒及苦果滅故，名爲出世間果。故知菩薩觀息非息，雖不得世間出世間，亦能分別世間及出世間。

世間與出世間祇是一念之差——迷與悟，正如手掌的正與反一樣，其本質並非兩樣東西。所以菩薩行者，以息空不二的正智慧去照了世間，既不被假幻的相所迷，同時也能分別世間出世間法。如此纔真正體現了世出世法不二的中道精神。

復次，菩薩觀息性空時，不得四諦，而亦通達四諦。所以者何？如上所說，世間果者，即是苦諦；世間因者，即是集諦；出世間果者，即是滅諦；出世間因者，即是道諦。故觀於息相（舊木刻本作「想」），不見四諦，而能了了分別四諦，爲聲聞衆生廣演分別。

菩薩爲了度聲聞乘人，雖然不落小乘知見，也能在息空不二的正慧中，通達四諦之理，廣演世出世法的因因果果。

復次，菩薩了息空中，不見十二因緣，而亦通達十二因緣。所以者何？過去息性空無所有，妄見有息，而生種種顛倒分別，起諸煩惱，故名無明。無明因緣，則有行、識、名色、六入、觸、受、愛、取、有、生、老死、憂悲苦惱等，輪轉不息，皆由不了息如虛空無所有故。若知息空寂，即破無明。無明滅故，則十二因緣皆滅。菩薩如是了息非息，雖不得十二因緣，亦能了了通達十二因緣，爲求緣覺乘人廣演分別。

菩薩在了息非息中，雖不落緣覺乘的知見，但也能隨其正慧，旋轉起十二因緣的觀照，了達無明空一切皆滅的原理，以此來爲求緣覺乘的行者，廣演分別緣覺之法。

復次，菩薩了息無性，爾時，尚不見有息，何況於息道中見有六蔽及六度法？雖於息性中不見六蔽及六度法，而亦了了通達六蔽、六度。

菩薩不但度聲聞觀四諦，度緣覺觀十二因緣，而且爲度菩薩及轉化自身的蔽障而觀六度之法。六度與六蔽法數如下：

一、以布施度慳貪蔽。

二、以持戒度毀犯蔽。

三、以忍辱度瞋恚蔽。

四、以精進度懈怠蔽。

五、以禪定度散亂蔽。

六、以般若度愚癡蔽。

所以者何？行者當數息時，即自了知若於非息之中，而見息者，是必定成就慳貪蔽法。

初述慳念的生起原因。

慳有四種：一者慳惜財物，見息中有我，爲我生慳故。二者慳身，於息中起身見故，三者慳命，於息中不了，計有命故。四者慳法，於息中不了，即起見執法心生故。

因爲以息爲實有故，於是就引生出慳財、慳身、慳命、慳法四種慳貪心理。便障礙施財、身、命、法的人生美德。

行者爲破壞如是慳蔽惡法故，修四種檀波羅蜜：一者知息空非我，離息亦無我，既不得我，聚諸財物，何所資給？爾時，貪財之心即便自息。捨諸珍寶，如棄涕唾。當知了達息性，即是財施檀波羅蜜。

慳既有四種，菩薩破慳的方便也有四種觀法來作對治。第一是觀息空無我來破慳財主，完成財施檀波羅蜜。

復次，菩薩知無身性，息等諸法不名爲身，離息等法亦無別身。爾時，知身非身，即破慳身之執。既不慳於身，即能以身爲奴僕給使，如法施與前人。當知了知息非息，即能具足成就捨身檀波羅蜜。

第二以知身非息，了息非息來對治慳貪身體的執著，成就捨身波羅蜜。

復次，行者若能了息性空，不見即息是命，離息有命。既不得命，破慳命心。爾時，即能捨命，給施衆生，心無驚畏。當知了達息空，即能具足捨命檀波羅蜜。

第三以息性空而不見息與離息有命來對治慳貪生命，成就捨命波羅蜜。

復次，行者若達息空，即不見陰、入、界等諸法，亦不見世間出世間種種法相，爲破衆生種種橫計，迷執諸法輪迴六趣，故有所說，而實無說無示，以聽者無聞無得故。是時雖行法施，不執法施，於恩於彼，而利一切。譬如大地，虛空日月，利益世間，而無心於物，不求恩報。菩薩達息性空，行平等法施檀波羅蜜，利益衆生，亦復如是。

第四種以能說之人，所受之人以及中間所說之法，一一皆空來對治種種法執，成就法施檀波羅蜜。

當知菩薩知息性空，不得慳度，而能了了分別慳度，以不可得故，知息性空，具足尸羅、羼提、毗黎耶、禪那、般若波羅蜜，亦復如是。

菩薩雖了知蔽度之法本來性空，但在空中也能了了分別蔽度；以方便利他自利，成就波羅蜜故。其餘五度也是如此，在息性空中具足旋轉法用。

是中應一一廣旋轉諸波羅蜜相，爲求佛道善男子、善女人，開示分別。是即略說，於數息門中，修旋轉陀羅尼菩薩所行無礙方便。

菩薩在妙假觀中，應當一一廣泛地旋轉一切波羅蜜的行相，不但自己成就大行，同時也是替一切求佛道的因地菩薩，開示分別種種行相，使之方便悟入。

以上是菩薩在數息門中修旋轉法的無礙方便之旨。

菩薩若入是門，直說數息調心，窮劫不盡、況復於隨、止、觀、還、淨等，種種諸禪、智慧、神通、四辯、力無所畏、諸地行願、一切種智、無盡一切功德，旋轉分別，而可盡乎！

菩薩的旋轉無盡法門，一是要悟證性空之理，念念與此理相應，使法法不離目前。二是要廣研菩薩漸次法門，如《華嚴經》、《楞嚴經》、《勝鬘經》、《維摩詰經》、《大智度論》、《大乘菩提道次第論》等，以廣開差別道種智。三是要在隨眾生隨中，方便教化眾生，識眾生機，施相應法，並於其中不取不捨，處處體現不二的**中道正慧**。菩薩要在一切處如此歷練，**不捨眾生，方能成就無上佛道**！

第九講　觀心六妙門的殊勝修持

次釋第八觀心六妙門。

接下去解釋的第八種類的觀心六妙門，這種觀法可直接與禪、密接軌而深入佛法要妙。

觀心六妙門者，此為大根性行人，善識法惡，不由次第，懸照諸法之源。何等為諸法之源？所謂衆生心也。一切萬法由心而起，若能返觀心性，不可得心源，即知萬法皆無根本。

這個觀心六妙門，是專門對已經做好了發心與理悟準備的大根性的修行人而設立的，因為他已經認識到即使是惡法對於本性而言是無礙，知惡性即是善性，了性無二，一切平等。以平等心而修觀照，所以不用藉助次第的漸進，而是於無依無倚中如懸在空中的大圓鏡一樣，照了萬法。而觀心的照了則是萬法的本源。那麼，究竟甚麼是一切法的本源呢？這個本源就是衆生即妄即真的第六意識心，起由法界起，滅由法界滅，所以這個心本無生滅，但因衆生妄生分別執著，陷入塵勞煩惱中，假使能了達一切萬法本自心源而起，心外無境，這樣心不隨逐外物，反過來觀照心的源頭，當一直觀照到諸念寂滅，脫體空淨，於是當下了達此心本不可得，同時也就立即悟知一切萬法也都沒有根本的實有性。緣生性空，中道實相，全顯於觀心的行人圓明之中。

約此觀心說六妙門，非如前也。所以者何？如行者初學觀心時，知一切世間出世間諸數量法，皆悉從心出，離心之外，更無一法，是則數一切法，皆悉約心故數，當知心者，即是數門。

站在這個心源的角度說六妙門，是與前面所說的七種六妙門完全不同。爲甚麼呢？譬如說修行的人初步學修觀心的時候，就已經理悟到一切世間與出世間的所有數量法則，都完全從心念上發生的，離開心念的作用以外，絕對沒有一個數量法則的實存。這樣明白以後，當觀心的時候，就在用心數法的當下，完全依據心的功能而進行的，所以不被數法所轉，念念數法而念念反照心源，直入性海。應當知道，這個觀心數法的心的本身就是數門，並非心外有數，而是即心即數，數是末心是本，當數到窮盡心源的時候，心與數二者當體空寂，徹見無生的本來面目。

復次，行者當觀心時，知一切數量之法，悉隨心王，若無心王，即無心數，心王動故，心數亦動，譬如百官臣民，悉皆隨順大王，一切諸數量法依隨心王，亦復如是。如是觀時，即知心是隨門。

再進一層從數門的觀心到隨門的觀心。修行的人正當觀心的時候，了知一切善惡等數量之法，是心所擁有的成分，它們的數量的變化，都完全隨順心王——心的覺知明瞭顯現的功能而起作用，假如沒有心王，也就沒有心的數量之法。心王動轉的緣故，心數法也必然隨之而動。心王如被境所遷，出現分別妄動時，心數也屬於虛妄的變化；假如心王空明無礙，湛然清淨，雖然應機而動，則依然不離本位，而變化無量，此時用即體，體即用，是二而不二的。這就好像百官大臣與老百姓，都要隨順一國之王。一切的數量法依賴與隨順心王也是一樣。這樣觀心的時候，就悟知心是隨門。

復次，行者當觀心時，知心性常寂，即諸法亦寂。寂故不念，不念故即不動，不動故即名止也。當知心者，即是止門。

再深入下去，當修觀的人正在觀心的時候，悟知心性本來常寂，從來沒有生滅動轉，外息於境相，內空於分別，領悟了寂性的靈明本來如此。因此，進而了達一切諸法也當體空寂，心空一切萬法都隨之歸於寂。因爲悟知常寂的心性的緣故，所以時時離分別攀緣之念，而不起妄想執著。因爲時時處處都不起妄心的護念工夫，所以證入了不動的境界，而這時的心性空寂而不動，正是觀心所達到的體真止。所以應當知道，這個心的當下也就是止門。

復次，行者當觀心時，覺了心性猶如虛空，無名無相，一切語言道斷，開無明藏，見真實性，於一切諸法得無著慧。當知心者，即是觀門。

觀心進入了空寂的境地，祇要不住在空相上，而以觀照的智慧，體悟如空的本源，當到了空相頓脫之時，心性的真如本來面目刹那顯現，於是覺了這個心性的廣大圓明就如太虛空，在此非空的空中沒有名字概念，也沒有任何相貌與狀態，一切的語言所起的邏輯思維徹底斷除，打開了無明覆蓋住的如來寶藏，見證了真實的靈明妙性，從此在一切法中，證得無著的妙慧，任其來去生滅，一切變化，心中了然不生法見，不住法用。這樣的體悟實證了心的真實性，也就是心所本具的觀門。

復次，行者當觀心時，既不得所觀之心，亦不得能觀之智，爾時，心如虛空，無所依倚，以無著妙慧，雖不見諸法，而還通達一切諸法，分別顯示，入諸法界無所缺減，普現色身，垂形九道，入變通藏，集諸善根，迴向菩提，莊嚴佛道。當知心者，即是還門。

修觀到了能所雙亡，觀智與觀心同時脫落，已經悟入真如妙性，這時心好像虛空一樣，雖靈知不昧，而了無一物可得，十方三際，當體無待，因此，沒有任何依賴與倚託。這樣，無著的妙慧即體起照，妙明無方，雖然不見諸法——無能所對立的知見去瞭解或體悟諸法，但是還能夠以廣大無邊的真心而行變化莫測的幻智去通達一切諸法，種種分別，頭頭顯示，深入到一切法界之中——聖凡、心物、善惡等一切現象與法體裏面，没有一絲一毫的缺乏與減少。並能在一切法界的差別緣上，普遍地顯現各類色身，如空中的月亮一般，將投影入於一切水中，所以能夠慈悲垂示種種類形以度九道的衆生。證入神變與神通的如幻三昧功德法藏，廣集一切善根，迴向菩提，莊嚴佛道。像這樣的心觀自然的啓用，就是從體返用的如幻還門。

復次，行者當觀心時，雖不得心及諸法，而能了了分別一切諸法；雖分別一切諸法，不著一切法，成就一切法，不染一切法，「以自性清淨，從本以來，不爲無明惑倒之所染故。」故經云：「心不染煩惱，煩惱不染心。」行者通達自性清淨心故，入於垢法，不爲垢法所染，故名爲淨。當知心者，即是淨門。

這一段講的是觀心六妙門的最高層次的境界，也就是證入真如平等一際，圓明清淨的法身妙體。

當行者觀心的時候，「雖不得心及諸法」，即是真空寂滅的全體，「而能了了分別一切諸法」，就是朗照萬法的大用。

分別一切法，又不執著一切法，是第一層次上的無礙力——智見無礙；成就一切法的事業妙用，又不染污一切事用的境界，是第二層次的無礙妙用。這是真正從性體而起隨應的神通妙能，所以《起信論》說：「以自性清淨故，從本以來，不爲無明惑倒之所染故。」無明惑倒既不能染污；那麼，無明即明，當體不二，無修無證，妙明自然。因此，佛在經中說：「心不染煩惱，煩惱不染心。」這是指證悟真如心的人，一切不二，無有相待的障礙，所以心體與煩惱，平等一如，如水入水，無非法性全體大用。

修行的人通達了性的清淨心，一一透過，一淨一切清淨，因此之故，妙明心用入於一切垢污的事物中，也絕對不會被垢污法所染著，所以一切無礙稱爲清淨。這樣的觀心證性，就是淨門的功德。

如是六門，不由次第，直觀心性，即便具足也。

這說明在表述觀心六妙門的時候，因爲所依據的是六妙法義，的確似乎有次第與層次，但在觀心入性之實修中，門門可證，法法即心，沒有次第與層次性的分別執著，所以祇要直接地觀照心性，也就自然具足了六門中的所有法驗與悟證。

第十講　圓觀六妙門的圓機妙證

次釋第九圓觀六妙門。

下面依次解釋第九種六妙門，它是以圓教的理境建立起來的觀照方法。

夫圓觀者，豈得如上所說，但觀心源，具足六妙門，觀餘諸法不得爾乎？

這個圓觀的方法，它是超過上面的觀心六妙門而圓觀一切諸法入於性海究竟的。因爲觀心妙門單從觀照心源做下手的工夫，雖然具足六妙門，卻不能遍觀一切諸法。所以有「豈得」與「不得」的二種殊勝處，一者下手太狹而專，足見器量智照都不廣大；二者知一切法即心本性，因此，觀法即是觀心，下手圓遍而普被，所以圓解妙發，智照無礙。

今行者觀一心，見一切心及一切法；觀一法，見一切法及一切心；觀菩提，見一切煩惱生死；觀煩惱生死，見一切菩提涅槃；觀一佛，見一切眾生及諸佛；觀一眾生，見一切佛及一切眾生。

圓觀的人從一點上能圓觀一切，也就是一即一切，一切即一的妙觀。這裏分心與法，菩提與煩惱，涅槃與生死，佛與眾生的四個方面來圓攝一切法，說明修圓觀的人對於這四重相待的境界，不起分別對立，而能以圓理攝事相，即事相融圓理，理事不二，事事無礙。

一切皆如影現，非內非外，不一不異，十方不可思議，本性自爾，無能作者。

爲甚麼能圓觀一即一切呢？因爲這所謂的相待的一切萬法，都似鏡中之影，顯了無遺，明澈無邊，所以由空明妙心所現的萬法，不屬於內，又不繫於外，不偏在統一上，也不落在差別上，內外交映，一異同在；於是十方世界呈現爲不可思議的妙莊嚴境。如此奇觀本性原來就是這樣，這其中沒有能造作的人。

非但於一心中，分別一切十方法界凡聖色心。諸法數量，亦能於一微塵中，通達一切十方世界諸佛凡聖色心數量法門，是即略說圓觀數門。

不但在圓妙一心之中，能夠分別一切十方法界凡聖色心的所有諸法數量，也能夠在一微塵之中，通達一切十方世界諸佛凡聖色心的數量法門，這就是簡單地論說圓觀的數門。

隨、止、觀、還、淨等，一一皆亦如是，是數微妙不可思議，非口所宣，非心所測，尚非諸小菩薩及二乘境界，況諸凡夫？

其他五門也同數門的圓觀一樣，祇可神會契悟，難以言語表達，也無法用思惟心去測度，所以是不可思議的。這樣的圓觀妙義，小菩薩——住著有相的大心菩薩與耽著空寂的二乘尚且無法悟入，凡夫就更不用說了。

若有利根大士，聞如是妙法，能信解受持，正念思惟，專精修習，當知是人，行佛行處，住佛住處，入如來室，著如來衣，坐如來座。即於此身，必定當得六根清淨；開佛知見，普現色身，成等正覺。故《華嚴經》云：「初發心時，便成正覺，了達諸法，真實之性，所有慧身，不由他悟。」

假如有根器很利的大士，聽到這樣的妙法，能夠圓信此法，圓解妙理，並能完全地受納在心中，執著不失，正念思惟圓妙真義，專一精研修習妙觀，應當知道這樣的人，行於佛所行的清淨地方，住於佛所住的法界之處，入於如來的法空的大定，穿著如來的慈悲之衣，坐於如來的法性之座，就在現有的正報肉身上，一定能夠證得六根清淨的妙用，入於圓教的初住，開佛知見，普現色身，隨類變化，於百世界，八相示觀，成等正覺。

所以《華嚴經》中說：「初發圓心的時候，便已成就了一分的三身一體的佛陀、大智了達一切諸法的真實之性，所有的智慧聚集於一念圓心之中，而不由他人的啓示而開悟。」

第十一講　證相六妙門的功德妙能

次釋第十證相六妙門。前九種六妙門，皆修因之相，義兼果證，說不具足。今當更分別六妙門證相。

修因中具有果相，果德中含有因行。解行相應叫做證。所以說證相乃是爲了給行人印證心地起見，如能符合其中某種證相，就能了知自己的位次，不會產生濫稱聖位的過失。

六門有四種：一者次第證；二者互證；三者旋轉證；四者圓頓證。

六妙門攝一切機，融一切行，所以在證相上也有四種的不同。

云何次第證？如上第一歷別對諸禪門，及次第相生六妙門中，已略說次第證相，細尋自知，今不別說。

歷別是次第相對應的禪門，相生是依次證入的法門，二者都是次第的。

第二互證，此約第三隨便宜，第四對治，第五相攝，第六通觀，四種妙門中論證相。所以者何？此四種妙門修行方便，無定次第，故證亦復迴互不定。如行者當數息時，發十六觸等諸闇證，隱沒無記有垢等法，此禪即是數息證相之體。而今不定，或有行者於數息中，見身毛孔虛疏，徹見三十六物，當知於數息中證於隨門。

這第二種證相屬於互證，也就是修一法時出現其餘法門的證相。從第三妙門至第六妙門的四種法，沒有固定的次第，都有互證的可能性。

文中行數息時開發十六觸的善根，應該是所證的本相，但是如果見三十六物，就已經屬於隨門的證相了，所以説是不定的證相。

復有行者於數息中，證空靜定，以覺身心寂然，無所緣念。入此定時，雖復淺深有殊，而皆空寂之相，當知於數息中證止門禪定也。

凡是證入空寂之定，不管淺深，都屬於止門的禪定相。

復次，行者當數息時，內外死屍不淨，膖脹爛壞，及白骨光明等，定心安隱，當知於數息中證觀門禪也。

這是定心中出現有相的觀境，所以屬於觀門的禪定證相。

復次，行者當數息時，發空無相智慧，三十七品、四諦、十二因緣等，巧慧方便，思覺心起，破折諸法，反本還源，當知於數息中證還門禪也。

一切照於諦理的智慧，都是爲了破執著而歸真源，所以屬於還門的禪定證相。

復次，行者或於數息之時，身心寂然，不得諸法，妄垢不生，分別不起，心想寂然，明識法相，無所依倚，當知於數息中證淨門禪也。

修法到了寂滅一切惑、明照一切法、清淨無礙時，就是證入淨門的禪道之相。

此則略說於數息中，互發六門禪相，前後不定，未必悉如今說，餘隨、止、觀、還、淨，一一互證諸禪相，亦如是。

修禪法没有固定的形式與證相，全靠有經驗的過來人指導，所以不能死執文字相而昧於當下具體的境況。應當不斷積累經驗，善巧化轉，方能愈入愈深。

所以有此互證諸禪者，意有二種：一者修諸禪時互修故，發亦隨互，意如前四種修六妙門相。二者宿世業緣善根發，是故互發不定，義如坐禪內方便驗善惡根性中廣説。

推究互證的原因，無非二種，一是所修法的法緣影響；二是過去世曾修過的禪定業的業緣。一屬新熏，一屬舊習的開發，所以形成了不定。《漸次止觀》中有大量篇幅闡釋此意。

第三云何名證旋轉六妙門相？此的依第七旋轉修故發。所謂證相者，即有二種：一者證旋轉解；二者證旋轉行。

第三種證相是旋轉證，是通過善巧的旋轉性的修習，達到心慧開發的悟解與實際相應的行持的二種證相。

云何名為證旋轉解發相？行者於數息中，巧慧旋轉修習故。爾時，或證深禪定，或證淺定，於此等定中，豁然心慧開發，旋轉覺識，解真無礙，不由心念，任運旋轉覺知法門。

這是解釋旋轉解的開發的現象。舉數息爲例，運用善巧的智慧旋轉地修習，證得或深或淺的禪定，依定而觀，豁然之間心地智慧迸射而出，再以此慧旋轉於覺了的識心之中，悟解真性了無疑慮與障礙，它是自然而顯，故所以不須藉助心念的思惟作用，即能夠任運地旋轉覺識的法門。

旋轉有二種：一者總相旋轉解；二者別相。總相復有二種：一者解真總相；二者解俗總相。別相復有二種：一者解真別相；二者解俗別相。於一總相法中，旋轉解一切法，別相亦爾。

總相是對整體把握與悟解，別相是差別入微的透徹。解真即對真諦的悟入；解俗即對俗諦的明瞭。真諦有實理與異解的不同，俗諦有實存與變化的差異，所以通過對總別二相的旋轉覺了識知而悟解一切性相諸法。

云何名為證旋轉行相？行者如所解，心不違言，心口相應，法門現前，心行堅固，任運增長，不由念力，諸善功德自生，諸惡自息。

修行者如能依據自心所證入的悟解，使心念不違背自己的言說，心與口達成相應一致，使法門時時現前，心的行持堅固不退，這樣如果任意增長，而不依賴心念的策發之力，那麼，一切善淨功德自然生長，一切諸染之過自得息滅。

這是依悟力自然修行的最好進道辦法。

總相別相，皆如上說。但有相應之異，入諸法門境界顯現之殊故。今則略出證旋轉行。如一數門，具二種證旋轉故，餘隨、止、觀、還、淨亦如是。略說不具足者，自善思惟，取意廣對諸法門也。

依悟解之力自然行道，也有總相與別相的不同，因此有時行於真諦，有時行於俗諦；有時與總相相應，有時與別相相應；而所入的法門有顯現與不顯現的差別，這是因其力氣不充足的緣故。僅舉數門，其餘五門也是同樣的含義。因此，在功行地中，應當自細諦觀思惟，掌握其中的真意而廣攝所對應的法門。

禪旋轉六妙門者，即是得旋陀羅尼門也。是名無礙辯才巧慧方便，遮諸惡令不得起，持諸功德令不漏失，任是法門，必定不久入菩薩位，成就阿耨多羅三藐三菩提也！

由旋轉修因的解行，而證得旋陀羅尼門的果用。這果用包括無礙辯才的隨機妙談，與巧慧方便的實際妙用。所以能遮一切惡法不令生起，持一切功德不令漏失。任運地行證這一總持門，必然地在不久之後入於菩薩深位，最終成就無上菩提。

第四云何名爲圓證六妙門？行者因第八觀心、第九圓觀，二種六妙門爲方便，是觀成時，即便發圓證也。

圓證是最究竟的圓滿成就，通過觀心與圓觀兩種方法下手做工夫的人，修到現行圓成時，就能顯發圓證的功德妙能。

證有二種：一者解證，無礙巧慧，不由心念，自然圓證，識法界故名解證；二者會證，妙慧朗然開發，明照法界，通達無礙也。

圓證分爲兩種：圓識法界的事理是解證，即大開圓解的徹悟之境，此時具有無礙的善巧智慧，並且自然顯現，不用分別的心念去緣慮。圓明遍照法界的性相是會證，大智通達，一切事理均無障礙，這是微妙的智慧，從本源上開發後的自然妙用。

證相有二種：一者相似證相，如《法華經》中明六根清淨相；二者真實證相，如《華嚴經》中明初發心圓滿功德智慧相也。

所證的相有淺深兩種，未破無明的證相的極致是圓十信位的六根清淨相，屬於「相似即佛」的證相。已破無明，分證三德祕藏的初心已經同佛一樣化顯無礙，所以屬於真實證相。

云何名相似圓證爲六妙門？如《法華經》說眼根清淨中，能一時數十方凡聖色心等法數量，故名數門。一切色法隨順於眼根，眼不違色法，共相隨順，故名隨門。如是見時，眼根識寂然不動，故名止門。不以二相見諸佛國，通達無礙，善巧分別，照了法性，故名觀門。還於眼根境界中，通達耳、鼻、舌、身、意等諸根境界，悉明了無礙，不一不異相故，故名還門。復次，見己眼根境界，還於十方凡聖眼界中現，故亦名爲還門。雖了了通達見如是事，而不起妄想分別，知本性常淨，無可染法，不住不著，不起法愛，故名淨門。

此則略說於眼根清淨中，證相似六妙門相，餘五根亦如是，廣說如《法華經》明也。

相似證六妙門是從現象到功能再到智體來表述的。

第一、是眼根所數的十方世界凡聖色心的一切現象的廣大無邊之量。

第二、一切萬物都隨順眼根，根色之間沒有對立矛盾，是共相隨順而一致顯現。

第三、正用眼根見萬象時，識性寂然不動，是即用而止不動而顯的止門證相。第四、雖然在寂然心中宛見諸佛國土，但卻無有二相可得，唯一體之所現，不立差別的執取，所以能通達一切萬法而不被物累，並且能善巧分別，照了諸法的本性，這是圓觀觀門的體現。

第五、六根互用，還歸無二；自他互顯，通達無礙。這是明瞭照智還本之際，融消了根與根之間的隔礙，所以達成不一不異的境地。這是還門的回互機用。

第六、專指智體在事用上的清淨的功德。即不起了知、無染、不住不著、離法愛等。但仍有這些名目在，仍未證入性地而圓三身，所以這裏的淨門僅是相似的智慧作用。

其餘的五根也同樣具有如上的意義，可參閱《法華經》。

云何名真實圓證六妙門？有二種：一者別對；二通對。別對者，十住為數門，十行為隨門，十迴向為止門，十地為觀門，等覺為還門，妙覺為淨門。

別對是以六妙門的不同妙能相對住、行、向、地、等、妙的六級證境，這是隨門立位的方便。

二通對者，有三種證：一者初證；二者中證；三者究竟證。

通對是通一切證相過程的三個根本層次，其中初證最為重要。

初證者，有菩薩入阿字門，亦名初發心住，得真無生法忍慧。爾時，能於一念心中，數不可說微塵世界，諸佛、菩薩、聲聞、緣覺諸心行，及數無量法門，故名數門。

「阿」字是華嚴字母的第一個字音，代表無——真空寂滅的無生之性。所以菩薩證入「阿」字門也叫做初發心住，住入三德祕藏的不思議境界，得證真實的無生法忍的大智慧。這時能夠在一念——非真非妄的性海妙能的圓心之中，數盡微塵世界中的四聖法界的一切心行與無量法門，這是廣大圓明妙心所顯發的功能。因特指從「無」顯現數的功德，故爲數門的初證。

能於一念心中，隨順法界所有事業，故名隨門。能一念心中，入百千三乘及一切三昧，虛妄及習俱止息故，名爲止門。能一念心中，覺了一切法相，具足種種觀智慧，故名觀門。能一念心中，通達諸法了了分明，神通轉變調伏衆生，反本還源，故名還門。能一念心中，成就如上所說事，而心無染著，不爲諸法之所染污故，亦能淨佛國土，令衆生入三乘淨道，故名淨門。

隨門的證相是事業的隨順，止門的證相是三昧的成就與妄習的息滅。觀門的證相是覺了法相與具足觀智。還門的證相是通達諸法與神變調伏。淨門的證相是在無染著中莊嚴國土、令衆生入三乘道。五種妙門都在一念心中的顯現妙用。

初心菩薩入是法門，如經所說，亦名爲佛也！已得般若正慧，開如來藏，顯真法身，具首楞嚴，明見佛性，住大涅槃，入法華三昧，不思議一實境界也。廣說如《華嚴經》中所明，是爲初住證不可思議真實六妙門也。

初心菩薩證入了這個法門，也正如《華嚴經》所說的，也可以稱作佛了！因爲已經得到般若的正智慧，打開了如來祕藏，顯現了真實法身，具足了首楞嚴的三昧，明澈地見到了佛性，常住在大涅槃中，入於法華三昧的不可思議的一體實相的境界。所以圓滿地分證了佛果上的妙德。

關於初證的具體境相，《華嚴經·十住品》中有全面的論述。

這是初住所證不可思議六妙門的真實圓德。

中證者，餘九住、十行、十迴向、十地、等覺地，皆名中證不可思議真實六妙門也。

中證就是除初證與究竟證的兩頭以外的中間品位，是性德不斷分證開發的四十個過程。

云何名究竟圓證六妙門。後心菩薩入「荼」字門，得一念相應慧，妙覺現前，窮照法界，於六種法門，究竟通達，功用普備無所缺減，即是究竟圓滿六妙門也。

「荼」字是華嚴四十二個字母的最後一個，有圓滿究竟之意。所以等覺位的後心菩薩證入「荼」字門，獲得一念相應智慧，頓斷生相無明，於是妙覺現前，窮盡地照了法界，對於六種微妙法門，究竟地通達無礙，功德妙用普備圓具而無所缺少與損減。這就是究竟圓滿的六妙門啊！

分別數隨、止、觀、還、淨諸法門證相，意不異前，但有圓極之殊。故《瓔珞經》云：「三賢十聖忍中行，唯佛一人能盡源。」《法華經》言：「唯佛與佛，乃能窮盡諸法實相。」此約修行教道，作如是說。

其餘五種妙門證相之意相同，但愈是深入就愈加圓妙至極，所以在行位上也有差別。因此，佛在《瓔珞經》中說：「十住、十行、十迴向的三賢與十地的十聖位，仍有無明未盡，實報未空，所以在無生法忍中而行於道妙，祇有佛能夠窮盡法性之源。《法華經》講到諸法實相時，佛也說：「祇有佛與佛，纔能究竟地窮盡諸法實相。」

經中的真意是指向圓人行於圓道時所用的言教與行證，纔作這樣的比較之說。

以理而爲論，法界圓通，諸佛、菩薩所證法門，始終不二。故《大品經》言：「初阿後荼，其意無別。」《涅槃經》言：「發心畢竟二不別，如是二心先心難。」《華嚴經》言：「從初地悉具一切諸地功德。」《法華經》言：「如是本末究竟等。」

以上是從教道來說明行人的證入的差異，這裏是依據理性的本性來立論，所以法界本來圓通，諸佛、菩薩所證的法門，也就始終不二。明白了這一層意旨，處處歸真，時時無著，不落在所證的淺深品位上，自然有超然無礙的妙用現前。否則如果修行人被次第品位所束縛，就易形成比較心理，而成黏著的過失，難以返照本性，開啓圓明道用。

所引四部經典全都旨歸不二。修觀的人如能在最初的因地裏，圓解了不二的妙義，那麼，他在整個修學與悟證的進程中，就不被一切差別相所影響，而能直入究竟之果，成就圓滿大道了！

第三章　六妙門念佛法要

六妙門的法法能通的意旨，如將其應用在淨土念佛法門上，又是一條微妙的修持之路。念佛有持名、觀想、實相的三種修法。以持名念佛配合數、隨二門，即是數息念佛門與隨息念佛門。如以觀想念佛攝於止、觀二門，便是寂止念佛門與觀想念佛門。又如用實相念佛相融於還、淨二門，則是念佛三昧門與實相淨土門。

這層層深入的六個法門，可以使淨土宗的修行者，在真信切願，發菩提心的基礎上，有法可依，有次第可行，從而轉障惑開勝智，從事修至理悟，圓證三昧，成就淨業。

第一節　數息念佛門

數息念佛門，是用依呼吸出入來計數，與同時持名念佛的方法來代替念珠計數法。它不同於念珠的費神與不方便，除了睡眠外，隨時都可以修持此法，而且一旦到了純熟時節，修持將成為一種自然的慣性，任其無作相依，使人常處在寧靜的念佛之中，道業也就在不知不覺中逐漸成就。

初修此法的人，先要從打坐的姿勢開始，調和身、息、心。當深、長、細、勻的息相出現後，纔開始依息計數，數法明晰後，再加以「阿彌陀佛」的四字洪名。身感麤重者，或緊迫不鬆舒者，先依吸入之息念「阿彌」二字，呼出時念「陀佛」，念「佛」字時要輕音，計數就在念完「佛」字之後進行。如身感輕浮，精神不振，持力不足又易入昏沈者，宜在呼出時念「阿彌」，吸入時念「陀佛」，念「佛」字要重音，計數也在佛字之後。

修法的人可以根據自己的情況先修一種，如感到身心輕快，精神安穩，心境漸趨明淨，就是合宜之法，可一直修下去。如感到不適，就應換另一種方法。如果都不行，就是息相未調好，應重新開始注意息相的調和，待到出入綿綿，資神安穩之後，再加入持名念佛。

在坐中修法有了一定的定力後，就可以在平時的動中去修，使平時的心境也如坐中一樣，身心安穩，念佛不絕。

在這數息念佛門中，不要著意於呼吸吸入內的凝止處與呼外的散發處，七分的心力佛念上，祇有三分覺在似有似無的息相上，因爲佛門功行，先要離身執，所以不作息與身結合的凝、閉等功行。待身感消失後，還要轉移對息相的執著，使之慢慢淡化，把重點移到持名上。最後要使持名的內音也漸漸轉細，成爲息念與佛念一體的覺受，此時便感到計數是一負擔，不欲再數，樂於安住在平穩的息相與佛名持念上，一直在輕安舒坦之中緩緩而去。

第二節　隨息念佛門

修習數息念佛到了純熟之時，已經證入心息相依，名號明瞭現前。此時因不樂於數的記憶，即應放下數的相續。正放下數之時，也就是進入隨息念佛門了。

隨息念佛是在依呼吸出入時，綿綿密密地執持名號，使佛號之內音與微細之呼吸，持於一心之中，不分彼此，祇是直心而隨。修隨息念佛時要注意空卻身、心、息及佛號之執著，一切不管，心無所住。要即息離息，即佛無佛。同時要遣離對輕安樂覺、微昏、貪著境界等的妄執，要一切不留，無可記憶。如此無心而隨，心用也即從麤轉細，便於無心之時，泯然一轉，凝然入止、身、息及持念相隨之心，一齊打失，寂止現前。心念唯緣於這一寂止凝然的境界中，此時隨息念佛之功行便已完成，可以轉入寂止念佛門中去。

修隨息念佛法也是先坐中修，然後在動中鍛煉。功行得到進步，應當保護，不要重令轉變為麤浮，如果在隨息念佛門中，心念因境緣的干擾又變得散動時，應重依數息念佛門而修，漸次再入隨息念佛門中去。

從隨息念佛門到寂止念佛門的過渡，全靠息相的微細，所以不能使之麤浮，因為息相一麤浮，會連帶地把忘知之身又顯得麤重，並使持名之心也因之而變得恍動，覺受便也隨之從輕安舒坦的狀態滑向煩動緊迫的不鬆弛之中。

修隨息念佛法到相當穩定後，即每次均能在修法時進入輕安寂止的狀態，方可捨去隨息念佛門，直依寂止而修念佛。

第三節　寂止念佛門

得證於隨息念佛之後，即自然地轉入寂止念佛門。此時隨息持念已成爲累贅。所以，打坐時不必先依息修法，可以直入寂止而凝心不動。在動中，也是如此，祇要對境不動，心地寂止，即是止門的修法。

寂止念佛門又分爲兩個層次。第一層是直入寂止後，持續不斷地凝心不動，漸漸能覺察到細妄念的流注，雖明瞭覺察而寂止之心仍不隨之而動。第二層是在覺察妄念之時，提起佛號，綿密執持。而正在了了分明持念之時，寂止之心仍不動搖，常在禪定的虛靜明朗之中。

第一層次的寂止功行偏在寂觀上，故易落消極，不樂世事，也不欣慕精進行法，祇想無事無爲，喜歡山居的隱退生活，甚至可能不再欣求西方淨土的往生。因此，到第一層次的功行時，應省察禪定的虛妄性，訶棄耽著禪悅的執心，使出離禪愛。第二層在寂止心中提起佛號，就是旨在打破第一層的禪執習慣，以佛號來轉換妄心流注，使自然的業識之流，轉爲功德之藏。所以一句佛號在寂止心中持名，有無量的功德，可消無量劫來的生死罪業，開發本有智慧妙用。

寂止念佛門的修持，也須保護，應經久不失，不斷地轉向寂靜明瞭。因此，凡思惟文義、操勞複雜的事務等，均應暫時停止。到定力日強，念力增明時，方可逐漸在境緣中去鍛煉。

第四節　觀想念佛門

在第二層的寂止念佛法修習力量充足後，心地逐漸開朗。爲了進一步與西方阿彌陀佛淨土相應，應在寂止心上起淨土微妙相好之觀，以助開心地淨相與超入大慈願之海，與阿彌陀佛本願交融不二，使神觀常棲止於西方。又因唯心所造故，心觀淨土妙相時，即時能造自性清淨微妙之境，使清淨種子不斷孳生，以致於惑業消盡，淨業圓成。

觀想念佛可依《觀經》所列的十六妙觀次第而修，也可隨取其中一觀而行，但最好是從專觀白毫下手（請參閱拙作《淨土白毫觀修法》一書），待純熟後，再轉觀他相。總以心觀明瞭清淨，不即不離爲佳。

觀想念佛時，先要取樣，如依實景、圖像或文字的描述，來作爲入觀前的印象。所觀的印象確定後，一般不要變動，無論在觀想時明或不明，祇須一直觀去，便能逐漸明顯現前。也可以在下座後對照所取之樣，重樹印象，加深入觀的明晰度。

觀想一個觀境，在未到成就時，不要改觀，要一直修到心觀不二，相應融即時，方可轉修他觀。

根據天臺宗的一心三觀之意，在觀想時，要了知境乃妙假之法，觀是無作之空心，法無實而心本空，因此，在一心住觀境之時，不可起心分別，當微妙境相現前時，也不可以爲實有而執著。而在能觀的用心上，要「恰恰用心時，恰恰無心用」。所以是即觀無觀之空心，以觀無境假現之妙法。心法相融而相亡，即入中道妙域。

如在觀想過程中，發現身心的變化，以致各類的境界或功能，都不可執以爲實而生歡喜。就是符合於觀境的妙相現前，也祇能以明淨心安住不動，依然如實而觀。

觀想到一定時節，或心花開發，頓悟實相，或神遊淨土，親見三聖。此時即是成就之表現。但如住在相上，不肯即相而離，必成滯礙，故應破其執。但不須廢其相，以藉妙相以顯本明也。

第五節　還源念佛三昧門

還源即是還歸自性本源，窮究心佛不二的真實相，故此門修法是在觀想念佛門成就後，定力已堅，心地初明之際，再進一層打開本來，體悟理事不二的法界本體。

覺明妙行菩薩示念佛三昧說：

心本無念，念逐想生，此想虛妄，流轉生死，汝今當知，此一句阿彌陀佛，不從想生，不從念有，不住內外，無有相貌，即是盡諸妄想。諸佛如來清淨微妙之身，非一非二，不可分別。如是念者，煩惱塵勞，無斷無縛，止是一心，必得一心。方得名爲執持名號，方得名爲一心不亂。淨業功成。直趨上品。

修念佛三昧先要明理，但不必學禪宗之理（理雖不異，但立場不同，故與淨土宗旨不合），而宜於在淨土經論中研明心性，助開本明。在具體修法時，此理就能時時與心法相應，導之而證念佛三昧。

印光大師在《文鈔》中曾非常具體地論述了念佛三昧的修法，茲錄於下：

若論證三昧之法，必須當念佛時，即念返觀，專注一境，毋使外馳，念念照顧，心心契合佛體。返念而念，返觀而觀；即念即觀。務使全念即觀，全觀即念；觀外無念，念外無觀。觀念雖同水乳，尚未鞠到根源！須向者一念——南無阿彌陀佛上——重重體究，切切提撕，愈究愈切，愈提愈親，及至力極功純，豁然和念脫落，證入無念無不念境界。所謂「靈光獨耀，迥脫根塵，體露真常，不拘文字，心性無染，本自圓成。但離妄念，即如如佛。」此之謂也。夫至此，念佛法得感應道交，正好著力。

印光大師所示的念佛三昧之法，可分為四個階段：一是「專注一境，毋使外馳」的寂止念佛；二是「全念即觀，全觀即念」的觀想念佛；三是「重重體究，切切提撕」的返源參究；四是「和念脫落」後的本源現前、三昧初證的時節。至於「正好著力」即時轉入淨門的實相淨土法的無修之路。

念佛三昧的體究返源法不同於禪宗的參究疑情法，參究著重在「念佛是誰」上，而念佛三昧在親切提撕到極點時，自然和念脫落，體到無不念的三昧境界。至於證入之後，禪宗與淨土本來不二，祇是功用不同，起用有異而已！

第六節　淨土實相中道門

以上所修的五門，從初步的數息、隨息，到止與觀二門的深入，以至到還源而體念佛三昧，可以說淨土念佛的修持已經功成了。但淨土之德還須在淨門中逐漸臻於圓滿。故證得念佛三昧後，就要以所證之道，而起清淨之行。所謂「淨」不是與「染」相對的東西，而是泯絕一切差別，圓現一切法平等無二的「淨」，所以這「淨」是一切皆淨。娑婆穢土也是當下淨土莊嚴，一切身心行爲，無一不是淨土之行。如此無妄真實之境、行，即是實相中道的真境。到了此一地步，說生西方也得，不生西方也得，所謂「無生無所不生」也。

印光大師在念佛三昧證後淨行上又說：

其相如雲散長空，青天徹露。親見本來，本無所見，無見之見，是名真見。到此則溪聲山水，咸是第一義諦；鴉鳴鵲噪，無非最上真乘。活潑潑應諸法相而不住一法；光皎皎照了諸境而了無一物。語其用，如旭日東升，圓明朗徹；語其體，猶皓月西落，清淨寂然。即照即寂，即寂即照，雙存雙泯，絕對圓融。譬如雪覆千山，海吞萬象，唯是一色，了無異味。論其益，現在未離娑婆，常預海會，臨終則一登上品，頓證佛乘。唯有家裏人，方知家裏事，語予門外漢，遭謗定無疑！

印光大師所述的三昧境界，正是淨土實相中道的實證妙域，也是淨土修持的極致。證入實相妙境，祇有同證之人方能相互印知，故不可對外人說，以免遭謗而使人生罪。

修行者一旦證入三昧後，即已轉入淨土的無修之修，自然任運。因此，即使起教化眾生的方便之用，也是從體起用，用不離體。所以寂照不二的現量之境，一切無非是淨土妙行，那麼，處處也即是實相中道的妙境。境行圓滿而成果德莊嚴，菩提涅槃不證而自得。

以上六妙門念佛法要，雖專就淨土念佛而論，但仍不離六妙門的基本修法。所以欲修此法者，應參照〈六妙門修法〉一文，以便更加明瞭修法要義。

第四章　六妙門與禪宗

第一節

六妙門是原始佛教中的根本禪法，它是統攝佛教一切禪行而形成的修持系統。所以智者大師在《六妙法門》的開頭就論斷說：

六妙門者，蓋是內行之根本，三乘得道之要逕。故釋迦初詣道樹，跏趺坐草，內思安般：一數、二隨、三止、四觀、五還、六淨，因此萬行開發，降魔成道。當知佛爲物軌，示跡若斯，三乘正士，豈不同遊此路！

依照佛陀的體悟與實證，以及原始經典中的普遍行持，和後來智者大師的弘倡，可知六妙門的法義是佛法中的根本通法——能夠通攝一切禪法道行。因此，不僅有智者大師在《六妙門》中，依天臺教義所演繹的十層行證的廣大法門，同時也可賅攝禪宗法門及淨土念佛與密乘、養生、治病等法行。而且一一法行又可以與智者大師所述的十層行證妙門構成相融相攝的修證系統。所以從不同層次、不同角度去認識、體驗六妙門，便可加深對佛陀一代時教的領悟，也更容易融通諸法，契證實相。

本文專從六妙門的角度去領悟禪宗的悟修過程，又以禪宗的實際體驗來反證六妙門的禪修本質。因而使行人對佛法及宗派的行證，形成一圓融觀，在實際的修學中，更易於突破互不相融的執見，使法法無礙，心慧明照。

六妙門與禪宗的相互關係，請先參閱下表（見次頁）：

六妙門與禪宗表

六妙門	禪宗	法義
數門	禪源	在禪開示中，聞解信入，知無量諸法（數），無非妙心之所顯現，此心生佛同具，迷悟不異。既得歸一之旨，便會不二之理，是為解悟。
隨門	參究	以正見地而起參究，或參一方之明師，得直指悟入之方便。或參一則公案，以打破疑團，明悟本來。或根機不湊，乃用隨息、持名、念佛諸方便而漸修頓悟。
止門	開悟	離知真境現前，親切明瞭薦取本來面目，徹見不二之性，真心真見，淨無妄惑，潔白之地，安住常然，是為明悟。
觀門	調習	既悟之後，全重行履。常觀現前一念之心，妄習起時息心便休，所謂牧牛之行。如或妄習深厚，未能頓消，則可方便對治，以滌蕩無始結習，顯自性妙德。
還門	入聖	悟心之人自解作活計，翻轉本體作工夫，終日使得十二辰，是之為全性起修，全修在性。其間多生調熟，不離當生便證聖位。調習至不對五塵時，不起絲毫之欲為見惑盡相；外紛對五塵而了不迷逐，是為思惑盡相。二惑盡後，便可去住自由，隨意而生。此即證入聖位。
淨門	利人	證果之後，方具真正利人之德，隨波逐流，了無所惑。就法而言，諸祖言句綱宗，三藏十二部經論，無不透徹；就眾生言，徹底悲心，不期自發；就方便言，接引來輩，應不失時，神用莫測。如此以淨智起利人之妙用，乃禪宗悟修之正途。

第二節

數在佛法中本來指代一切世間出世間法相的種種現象。如天臺宗的數法有十法界（果）×十法界（因）×十如是×三世間＝三千世界的法相。依教家的學習方法，先是掌握三千世界的各種法相特質，次應歸入一念現前之心。在觀心時，就依現前一念之本空而照三千的假法，即空即假，不一不異，而成中道妙觀。

禪宗在數的問題上，不在法相的差異性上作種種闡釋分析，而是根據緣起的總體意義，與受教者的目前的知識與思考方式，進行直接回歸一心本體，從而啓開心扉，明見當下。因此，不管你的教理知識如何，社會經驗如何，以及修行的體驗如何，都一一予以否定打破，使你在意識上所建立的一切「數」的概念與知識及切身的體驗，不再以爲是真實而生執著，從而把意識的流注及所依附的「見」與「相」，統統掃除乾淨，這就叫做「萬法歸一」。

所以禪宗是「了數明心，泯相歸性」的，而天臺宗則是：「即相即性，數心一體」的。泯相歸性，直指而簡單，即相即性，圓融而繁複。直指易於契合而貼近生活，因爲無教法可立，故處處會歸妙心而掃其所執；圓融深妙莫測，要真正通達一切教法，無一字不落實，方可圓會教理。因爲是攬教照心，故如未能消融者，難悟中道而直會心源。但禪宗因不重視教理，故易落於簡單化而成無知狂妄禪流。因此，行化的禪師不得不會通於教，以處處無著之機以會處處圓融之教，方能導引行人入於正道。而天臺宗如不以心照法，大開圓解而契悟中道，則必死在教下而不得活用，雖然講教如數家珍，仍不免識心妄流，絲毫不得相應。

由此可知，一切佛法與各宗派的本源都是一致的，無不導歸一心本性。故智者大師在《六妙法門．第八觀心門》中說：

觀心六妙門者，此爲大根性行人，善識法惡，不由次第，懸照諸法之源。何等爲諸法之源？所謂衆生心也。一切萬法由心而起。若能反觀心性，不可得心源，即知萬法皆無根本。

站在高層次來看，數門的觀法與一至十的數息等行法也不相同：

如行者初學觀心時，知一切世間出世間諸數量法，皆悉從心出，離心之外，更無一法，是則數一切法，皆悉約心故數。當知心者，即是數門。

即數即心，心數不二，這是天臺宗的數門之觀法。

禪宗的了數明心、泯相歸性之旨，在禪典中隨處可見。如二祖慧可大師云：

夫謂古異今，今異古，復離四大，更有法身。解時，即今五陰心，是圓淨涅槃。此心具足萬行，正稱大定，四相寂滅。夫欲識心定者，正坐時知坐是心，知有妄起是心，知無妄起是心，知無內外是心。理盡歸心，心既清淨，淨即本性無外，唯一心智慧相。明了無動，名自性定。

三祖僧璨大師指示說：

欲知法要，心是十二部經根本。唯有一乘法，一乘者，一心是。但守一心，即心真如門。一切法不出自心，唯心自知。心無形色，諸祖祇是以心傳心，達者即可，更無別法。

又如《宗鏡錄》中云：

如六祖道，善惡都莫思量，自然得入心體。湛然常寂，妙用恒沙，以諸佛是極善邊，衆生是極惡邊。以善惡收盡一切法，故云：「若不思量全歸心體。」如寒山云：「萬境俱泯迹，方見本來人。」未必須泯，祇謂衆生不達空華起滅，不復一心本源，故令泯絕。若入心體，唯是湛然，不落斷滅，自然從體起用，用遍恒沙。

如上禪宗三位祖師的開示，無一不是指示行人識取自心，泯絕假相，體悟本性。這與天臺宗旨是一致的，祇是說法的方便有所不同而已。

如就行人自習而論，無論是依教下的六妙門學或是以禪宗爲入門，都應該會歸自心。並在自心是佛上而起大信心。甘泉禪師曾說道：

發心入道，須識本心，未識者以信爲先。信者信心是佛。無論輪迴，祇是不敢信自心是佛。心外無別佛，舉動施爲，更是阿誰？如是解者，一念相應即名佛。

如能在一切處不離自心而起覺照，信心不逆，隨順真如，那麼，就可以說具備了數門的禪行之基礎，以此信解，便爲進一步起參究與念持之悟前禪修，敞開了入道的正行之門。

第三節

以隨門的隨順於心王的禪修含義，來囊括禪宗的悟前方便參究之修，可以說是很恰當的。一切萬法既由心而緣起，那麼，假如要契悟這本源之心，就得滌蕩一切污染自心清淨的意識分別與煩惱執著。因此，禪宗之修便是基於本具的這一因素而起的，這與天臺宗乃至佛陀一代時教的根本教義是相一致的。禪宗的大手眼宗師，可以運用其高深的智慧，在與學人相接時，或用句語直指其心，令其悟去；或用豎指、棒喝、揚眉瞬目等暗示方法令其見性。根機較利的學人，就可以在指示下，頓斷識心流注，一念契入自性，如此悟會，與久久修持而得，無二無別，此後從體起用，做保任的工夫，不落悟後迷即可。

這種緣會，是參學中事，但此際遇，一要自己已有相當地培養，所以能於言下頓悟；二是要遇到真正的大手眼宗師，纔能施用妙著。因此，直指的悟道因緣，是可遇不可求的。

禪宗學人剛剛明理之後，還是應該以圓頓之理而起漸次之修的，惟不論次第，不著境界，不管路途風光，故與教家有所不同。

總持圓明國師將禪宗的坐禪分爲三根，有一定的參考價值：

上根坐禪者，不覺諸佛出世之事，不悟佛祖之妙，飢來吃飯，困來打眠，非指萬象森羅以爲自己，覺不覺俱不存，任運堂堂，祇麼正坐。雖然如是，於諸法不分異，萬法不昧矣！

中根坐禪者，放捨萬事，休息諸緣，十二事中無暫息隙，應出息入息斷斷工夫。或提撕一則公案：注雙眼於鼻端。自家本來面目，不涉生死去來，真如佛性妙理，不墮慮知分別。不覺不知而無不覺，明明了了而亘古亘今。當頭明了十方世界，全身獨露萬象之中矣！

下根坐禪者，且貴結緣，離善惡業道，直以即心，顯諸佛性源，足佛法地，不入惡處；手結定印，不取經卷。閉口如縫如緘，不說一法。開眼不大不小，無分諸色。耳不聽善惡聲，鼻不嗅好惡香，身不倚物動作頓止，意不攀緣喜共盡，形相如如而如木佛，縱心起種種妄起顛倒，不作其咎，譬如明鏡上，更不留浮影。

這三根坐禪說，帶有很普遍的意義，上根人承當本來後，直下無事，平常心即是道；中根人明理後應專參究，契會真性；下根人則可結印持明，攝持六根，漸斷妄識。

一般禪門行者，初入道時，並不十分瞭解自己的根性，於禪修一途就難以擇定。這種情形，除了明眼宗師方便指點外，也可以先持明——修準提咒印，或修蓮花印，心中心密法，以消業固基，如機緣相契，也可於持明中，得一念相應，悟明心性。其次可修無相的隨息工夫，即息離息，明識心源，隨順不二，久久亦能契悟本性。但力量最大的是參話頭，這是宋末以後宗門中最流行的禪悟手段，藉純然的疑情的力量以佔據整個身心，從而打破疑團，徹見本來面目。譬如數門是萬法歸一，那麼在隨門起疑情覺照時，就尋找「一」的背後究竟是甚麼了。所以就參究「一歸何處」？這一話頭，以了妄悟真。高峯原妙（一二三八～一二九五）禪師曾指示參「一歸何處」的方法說：

尋常教人做工夫看個「萬法歸一，一歸何處」的公案，看時須是發大疑情，世間一切萬法總歸一法，一畢竟歸在何處？向行住坐臥處，著衣喫飯處，屙屎放尿處，抖擻精神，急下手腳，但恁麼疑：畢竟一歸何處？決定討個分曉，不可拋在無事匣裏，不可胡亂想，須要綿綿密密，打成一片，直教如大病一般，喫飯不知飯味，喫茶不知茶味，如癡如呆，東西不辨，南北不分，工夫做到這裏，管取心花發明。

參究的公案話頭，當然很多，但主要的是能引起探知的欲求，並爲此所驅，很熱烈而且不斷地凝思內觀，由心念的微細化與觀力的不斷增强，識鎖玄關就可以頓時打開，透得從未透得的本性，直覺把握了現前的明知。

比較於天臺法門在隨息的行法是有些不同，智者大師在〈觀心門〉中說：

復次，行者當觀心時，知一切數量之法，悉隨心王，若無心王，即無心數，心王動故，心數亦動。譬如百官臣民，悉皆隨順大王。一切諸數息法依隨心王，亦復如是。如是觀時，即知心是隨門。

當然，這裏僅爲天臺隨息觀的法例，其他的三止三觀等，也應隸屬於隨門之中而作爲觀修的方便。但這裏所提示的修法，顯然與禪宗是不同的。因爲天臺主張性具善惡，所以祇要在隨息之中體悟心王的即空、即假、即中就能參契悟實相，而不必去探知「一」背後究竟是甚麼。所以天臺法門對於「心」是很明確的——即妄即真，不必離開現前一念的識心，另外去尋找一個本來面目。而禪宗則認爲教下的名相所指的並非直覺的實在，現在能覺照的心，與剎那頓悟也是兩碼事，因此，儘管理性已明，若不是經過大死一番之後的大活，終未是真正的開悟。所以一般稱禪宗的觀修爲真心觀。除參究外，禪宗的隨息與持明，其用心方法也有一定的差異，不過，真正融會天臺法門的人，禪修要旨也必然地融會不二。因爲法性本體的契悟，無論是佛是祖或是剛剛入門的人，都是不二的。

第四節

從修法到開悟，是妄心頓歇，真心突顯的時節。因此，天臺法門的體真止證境即是契入真如實相的自性之止，這與禪宗的剎那開悟是相同的。無論是隨息、持明或參話頭，在開悟之際，或「叻」地一聲，「噴」地一發，或「爆」地一聲，就是當下打破太虛空，體悟了禪的真境。

開悟的真性寂止之境，不可言說，無法描繪，因爲在親切了知中，沒有能所的相對；沒有空有、明暗等的覺受；一切的妄心分別頓然消失，唯有真知了了，靈明不昧。所以永嘉大師述此境時說：

> 今言知者，不須知知，但知而已。則前不接滅，後不引起，前後際斷，中間自孤，當體不顧，應時消滅。知體既已滅，豁然如托空。寂爾少

時間，惟覺無所得。即覺無覺，無覺之覺，異乎木石，此是初心處，冥然絕慮，乍同死人；能所頓忘，纖緣盡淨，爾虛寂，似覺無知。無知之性，異乎木石。

初心悟道，祇是見到了素身佛，全無莊嚴，無始積習，正應乘悟力以消除，故悟道之後，起自性觀照，即入於六妙門的觀門。

觀照之法，全依自性的親切真知而起，別無能修所修，祇是隨妄心起處，一念頓歇，當下即合於無分別之清淨本性。時時不離，念念不斷，久久無始妄習自然消盡。如果雖已開悟，但積習深厚，在觀照中難以化除，則可採用方便對治之法，所謂思察、轉移等，能堅持不懈，也自能情空惑盡。

當悟後保任到打成一片，在內外境界中，都沒走失，纖欲不生，時時自在，隨意無礙。這可以說已證聖位，即還入本性的清淨狀態，不再迷逐於三界五欲之境。所以正合於六妙門的還門的特質。

證聖之後，淨德已顯，正好起不二的妙用，廣度一切有情。在度生之中，無論在何種環境中，都了無迷惑，真心不動，不再受一切境界的影響，因此，與六妙門的淨門的清淨妙德一致。淨德的利他妙用，首先是慧心從自性中自然開發出來，對一切衆生都生起慈愛之心，欲方便救濟，令其解脫。同時，對於佛法的一切經論與宗派，尤其是禪宗的顯喻、機鋒、綱宗，都一一透過，瞭如指掌。在應用於教化時，能就來機，方便提示，引其悟道。由於淨德逐漸的圓滿，果上涅槃就不證而證了。

第五節

禪宗是不立一法的，以上所述祇是爲了使教下行者趨入禪宗的方便。因此，在實際入門時，應該不立次第，不期來果，不著境界，把一切放下，提起現前的一念，了了分明地去運用，自然能得禪道。

禪宗最忌是執著教相與境界，但初心學人如未遇明師之前，教相也不可不略知，否則不知自己在修甚麼；對於禪的整個過程也應該有個麤略的瞭解，便於識別自己的程度，否則未悟謂悟，未證謂證，即成大妄悟。但大致上瞭解之後，應拋棄一切意解，一心修法，並時時以禪理來觀照，使心念常與禪理相應。

前面講過，禪的一切語言方便都是指向於自性的，因此，雖立六個歷程，其實祇一性而已，因爲從始至終，都不離自性，而此自性是無減無增，不二平等，了達於此義，即能不落階級次第。

講六妙門與禪宗，就是爲了使初心學人明白如何在六妙門的次第上領悟禪宗的旨趣，並在具體的法行上導入平常心。所謂平常心，就是：平者不曲，時時直心而不落一切分別；常者不斷，十二辰中沒有失念間斷之時。又行者在了悟自性時，能夠不被任何法相所摻雜，不被世間虛妄的意識所攪亂，不爲沈掉與妄念所鼓動，能在一切處都安置於當下的本來之處，這就是平常的現量。

第五章　密乘六妙門

六妙門不僅是顯教的微妙行法，而且也攝賅密乘的功法。劉銳之上師在《諸家大手印比較研究》第八十二頁中說：「以此金剛誦一法，不獨將六妙門包容淨盡，且能解支脈而開中脈，淨業氣而現智氣，其殊勝可想矣！」此一觀點與顯密僧認爲金剛數息法包容六妙門相同（見《香港佛教》，第三七四期，第三十頁）。但此二觀點都是將密法攝賅六妙門，其義並未臻究竟，如就天臺智者大師所判，不過是數、隨二門而略含有止、觀、還、淨義而已。因此，本文謹依天臺妙門之義，對照密乘《涅槃道大手印瑜伽法要》，闡釋其修證要義，以使行者，從顯通密，以密證顯，獲不二融通之妙。

本文分加行與正行兩部分來闡釋，加行是略述行前的預修階段，正行則對照大手印修證過程，以顯六妙門意。

第一節　加行修法

加行分為共加行與不共加行。共加行是先經上師灌頂，授四皈依法，開示修持法要，障重者授以密咒、印等以消除。待堅固信心，進修力充，始授以不共加行法。

不共加行的第一部分為七支坐法，其要點如下：

㈠、金剛跏趺坐，可以半趺到全趺。
㈡、手持定印置於臍下四指處。
㈢、脊椎直豎，兩肩平張，腹不現紋。
㈣、頸曲如鉤，頷壓喉結。
㈤、舌抵上齶。

（此五要點能使下行氣、平住氣、遍行氣、上行氣、命根氣入於中脈，從而身安氣住。身安穩不動故，所以稱為身寂）。

㈥、吐濁氣後即禁語，自然呼吸。（口寂）

㈦、不回憶過去，不追思未來，不分別正坐禪中間的內外境界，也不故意使心空無所有。（意寂）

此三寂乃正修之基礎，故貢噶上師在《大手印講義》開示說：

加行者正行之基也，基礎不固，不啻於堅冰上建築樓臺，無論如何莊嚴，一旦日出冰消，終歸傾倒。行者亦然，加行未備，縱然修得神通妙用，不知出離，與外通共，功力消失，仍然輪迴。故宜先修加行，安奠法基，幸勿輕忽。

七支坐法練熟後，已能安坐不動，但如呼吸未能深細，意念難以集中，可修第二部分加行：

㈠、「行者之前，置一小球，或小木一段爲所緣。勿任能知，馳離所緣，或試認爲合於所緣，惟應一心緊繫所緣。」

㈡、觀想上師，如在頂門，與佛無異。以〈發菩提心文〉，向之祈求並加祈語如下：

皈依上師，如法身佛；皈依上師，如報身佛；皈依上師，仁慈化身。謹皈依佛，至寶之尊。願諸有情，心向正法；願諸有情，修行成就；消除業障，轉成正智。

禱畢，觀想恩波攝入自身，並想自心已與諸上師淨心交融。隨即心住如是相應之境，以能持久爲度。

㈢、「佛像或爲金屬體，或爲布畫，或僅心觀佛像，燦爛金身，萬行莊嚴，圓滿相好，光輪環首，三衣加身。觀想常在面前。」

㈣、「觀想月輪當前，大如指甲，上有吽（ཧཱུྃ），細如毛髮。」

㈤、「觀想種子，大如豆形，橢圓如卵，光輝奪目，應即緣之。」

以上五種方便觀法，如根器不適合者，也可不觀，或專觀其中的㈠與㈡二種。

有了以上的基礎後，方可進入以下的正行修法。

第二節　正行修法

正行中的隨門有修身法一項，年齡較大或不樂有相之觀修者，可以跳過不修，同樣能獲得解脫聖智。

㈠、數門修法

身心保持清淨之時，應排除其他一切想念，惟心觀每一息出入，自初次默數至二萬一千六百次。可使行者獲得善巧，以知每日出入息之次數。

一般行者可分爲四段來修：1、從一至十；2、從一至百；3、從一至千，如每日修二至四座，能到此數或再增至二千亦足；4、從一至二萬一千六百次。

㈡、隨門修法

復次，觀想入息，起於何時；息入時，是何狀況，並須思量，入息是否及於身體一部分以上。

如果入息時不能遍及全身時，應調節令遍。

以如是修習故，心自隨息出入（而得調和，若合符節）。如是，了知出入息之本性。

如果起有相之隨息隨修法，則應分：

1、觀氣要從面前五尺而吸入鼻中，經喉、心、臍、下抵密部（會陰），遍及全身。呼時心隨氣從鼻孔出至面前五尺。

2、觀想眉間或鼻端或臍內有一大如豌豆，藍灰色的氣點，隨氣緩緩呼出，又隨氣吸入眉際、鼻端或臍中。

3、心氣合一後，再觀呼出、吸入、停住的狀態與時間。尤其是觀住時，應著重觀察住於何處，入吸時則由鼻至臍而住，出則由臍至鼻而出。又觀住者，是否由臍遍住全身，若僅住臍，仍爲麤觀，一定要達到呼吸停止之時，氣遍全身纔是細住。

4、「如是修習，自能如實了知；息之每一出入，是何色彩，經時若干，停留若干時間。」此時宜觀氣從頭頂至腳底，遍及全身，有無損益，決不宜過增過減，所出之氣，暖冷是否得中。如此觀察，即能見到五大五氣之色；地氣黃色，在鼻端前十二指；水氣白色，在鼻端前十三指；火氣紅色，在鼻端前十四指；風氣綠色，在鼻端前十五指；空氣藍色，在鼻端前十六指。其中的氣色又與五欲、五蓋、五煩惱等變化有關，可以看出行者的心色狀態。

5、「次當觀想每一出息爲白色嗡字（[illegible]），每一入息爲藍色吽字（[illegible]），息在停留期間則爲紅色「阿」字（[illegible]）。」

出氣變白色「嗡」字爲身金剛，進氣變藍色「吽」字爲意金剛，氣住變紅色「阿」字爲語金剛。由此轉出入息悉成三字，以通解遍身脈結之氣，盡令漸次入於中脈。這是轉變業氣爲智慧氣的要門。

6、「復次，緣壺形者，應用力吐出內部濁氣，務使盡純，分三步行之：(1)、自鼻孔，徐徐吸入外氣。(2)、氣入後，觀想成爲壺形。(3)、使氣留住，以能持久爲度。」

此法又稱寶瓶氣，出濁氣應出三次。吸入時，下壓至臍下四指處，如函蓋相扣，氣藏其中，猶如空瓶子一樣。觀想藏氣之處，成爲壺形，並中挺下腹，持之久住，初學可以由短到長。到忍無可忍時，可觀出遍全身，由毛孔排出，此後直衝頭頂，再由鼻呼出，此法祇宜一次。如合齒用口慢慢呼出也可。工夫高者，可以觀氣入中脈，而至於心，業氣即變爲光明智氣。

以上六部修法，可以健身安心，但僅爲基礎，並未入佛法妙要，以下四門，方是正修。

第三節　止門修法

止門修法，分爲以下三個階段：

㈠、剎那念起，頓即根斷：

依照上來教法，禪坐之際，以心隨激蕩而起念故，行者自覺百念叢生，連續不絕。既知一念之生，尚須抑制，應自作意，勿任雜念生起。是以於一念初起之時，應立即自根斷絕，續住於定。

此與天臺法門中的制心止相同。

㈡、任念運行，不生分別：

禪定時，力避起念，爲時既久，終覺念起念落，接踵而至，爲數無量，是爲念之覺知，換言之即仇讐之發見也。如是境界，謂之初住。初住者，所臻最初寂靜之境。於是行者靜觀念起念落，不絕如縷，而漠然無動於中，如入止足河濱，靜觀洪流。

此是天臺體真止的初步。

㈢、心住清淨本然，想念來擾，不爲所動：

一度心臻冥寂，縱爲一剎那間，已能瞭解念之生滅。爾時，便覺想念紛至沓來，愈益增多，實則念來不斷，不增不減，頓時而有，離念而立能止念生起者，實相也。

此即體真止的悟境。

以上三步，專就心地做工夫。前面的數、隨等，與天臺法門中的繫緣止相通；而此三法則與天臺制心止、體真止相合。行者可以融會而體驗之。

第四節　觀門修法

進入止門後，雖初見實相，仍未全體呈觀，故應須隨順護持：「任念運行，心勿傾側之法，即置念於度外，任其所之。既不爲念所左右，亦不勉使斷絕，務使心如牧人任羊覓食，而續住於定。如是念將不起，心臻清淨，而繫於一緣矣。」此後又覺：「念猶閃動，有若流星。」應：「如前禪坐，相續安住寂靜之境，名爲寂靜中住，爾時，清淨無擾，如水靜流。心任馳縱，心垢澄清。」

此後心應持平，勿太張與太弛。再「念心離念，如草索裂斷時，此節離於彼節之狀。此法行者應以堅撓不屈之志，相續作意，心不他馳。以依上來教法，斷念時，新生續生故。」

這裏的觀法，基本上屬於天臺的從有入空觀。所以文中又說：「上來教法止觀雙運，而新念生起，爲定之障。」即要於無念之時，不再續生後念，則三心頓可了斷。「觀與能觀，兩俱遮遣，令心住於隨順寂靜之境。此法名爲令心斷離一切想念，捨棄加行，如是離法，以草索之斷裂喻之。」於離念之中，再把心「繫於觀與能觀，如象之栓於柱後，如是，則氣流各自儲藏於自有之孔道內。由修此法所生果故，將見種種形相，或如煙霧，或輕清如『以太』，隨得大安樂，如欲暈絕」。進入此境，已入聖道，但還須保護永住此境不失。故應注意：「觀照身心能所俱遣，自覺輕安，如浮空際。在此境界，任何幻象異相之生，勿因愛憎而心起取捨。」不生取捨之後，「心寂生照，識亦隨起，『能止』、『所止』，兩相融即，前念後念，不再嬗遞」。又：「以能止自起，不勞尋求，故名爲識流相續，自然起行之境。」

到此，勝妙聖心，如如不動，無身心有何感動，不起相應，惟此僅爲消滅生死幻妄，以證實相的初步修法，但因念與不念之相，仍未真正融即，故仍須修以下還門。

第五節　還門修法

行者有了寂靜的體驗，就像大海一樣，水波不興，故雖觀念生滅，不起相應，雖不起相應，仍有對待之境。所以行者應反照：

行者依力觀察，心不動時，不動（或心）之自性爲何？心如何住於不動？如何由不動而動？動時，是否保護不動之靜寂？保持不動之境時，是否尚有所動？動是否異於不動？動（或念）之自性爲何？最後動如何轉成不動？

正作如此反照之時：

當下便知動非異於不動，而不動亦非與動相異。

作了以上觀察後，如果仍未參透：

應再觀察，能觀之慧，與動不動性，是一是異？

返本盡源，必能證入真實之地：

如是觀察，行者以自證分了知空無所有。能觀所觀，不可分別。以如是不可分別之自性不可知故（離知之現量），所臻之地，名爲心行處滅，或謂之言語道斷。

證入超識的真境時：

任何想念暗障之起，毋須捨棄，亦毋爲所支配，任其生起，心勿傾側，於其起也，觀之而已。如是久之，以念未捨棄故，其實相（或空相）自然呈現。

實相呈現之際，就獲得解脫的自利：

唯觀於念，了知能捨（即心）所捨（即念），性不相離，獲得解脫。此法為勝道修習心要，或名窮源三昧。

此法與天臺還門的修習法極其相似。還門之後，則進入平等不二，自他二利的淨門。

第六節　淨門修法

自己獲得解脫後，見一切眾生猶未明心見性，頓起無限悲憫之心。雖知色法非實，但能方便迴向施於有情。此時應祈禱聖師：

行道所見，餘無取捨。惟願上師，准賜恩波。一切色塵，緣起故有。俾得證為，法界之性。

於淨門中，還應作如下的三種觀察，以使真心平等流入：

㈠、觀察三時：

過去之念已滅，未來之念猶未出，自屬無體。當前之念，亦不能確認其爲現在。依是觀察，久之能了悟一切生滅性，不異三時之性。

㈡、觀察心色：

心者爲成自色法而有乎？抑非成自色法而無乎？如爲色法，成自何色？如爲外在境界，是何相狀？是何色彩？如爲內慮功能，亦如念之剎那生滅乎？如非色法，如何作種種相？又其如何生成？如是觀察其心，如屬色法，自可視爲實在。但以勝慧觀照，便知所謂心者，了不可得，是以不得謂爲成自色法。再以勝慧觀察，非爲色法，亦非空無，如是非色非非色，不落二邊，名爲中道。

不落二邊之中道，正是淨門的證境。

㈢、觀察一多：

心者爲一爲多？如一，現見有種種相，如何是一？若多，則一切法本性無二無別，如何是多？如是觀察，使知心者非多。既離於（一多）兩端，名爲不住於完全寂靜（或終滅）之大手印。

如此所證即是無分別三昧的淨智。

在淨門中，最後還有起大作用的非常修法：

㈠、「任何念起，或幻想之起，以輕安之心，任運觀照，自悟一切外在色法，與一己之心，及其內在色法，一一不能分離，立即轉成一真實性。」（藉睡夢喻，悟色即心）

㈡、「現起萬象，以無自性故，可謂爲自本體流出，雖非實相，而宛然有相。如是萬象本體，永久融合，同屬一性，猶如水之與冰，一體而兩相也。」

依以上二法而修，便知安樂、明光、智慧三者與真實不二，這是一切心行融合一體的現證。

㈢、「以波生自水故，一切法之如何由以空爲自性之心出生，可以知矣！」

此㈢一法，稱爲周遍法界或一中顯多之法，行者成就之後，一切心行皆證爲空，因爲是智慧的果報故。

當「應滅無明，既已消散，能滅亦止。所謂修道，已造成就，如旅行之業已完成也」。

到此，即證入淨門的無住涅槃之果位，如按密乘而言，即獲得大手印的殊勝利樂。

以上簡略闡釋密乘六妙門的修證次第，如與此法有緣，發心欲修，則應尋求上師灌頂指示，方能勝進。

第六章　養生六妙門

「六妙門」是內涵極其豐富的佛家功法。在養生方面，也有其特殊的意義，其中轉移、隨順、寂止、妙觀、返本、清淨的六道養生之門，門門中有無數變化，功能全面，可以使人在修養心性、怡悅天年的「養生」之路上，獲得無窮的妙趣。

第一節　六妙門的養生原理

人類以生命爲核心。而生命不僅需要健壯的身體，更需要品格高尚的心靈。養生之道就是使人們的身心更趨完善的一種自我調節、自我平衡的手段。社會中的每一個人，由於內在心靈的無明妄執，以及外界的誘引，於是在生活中身心往往失去平衡，導致了心理與生理的各種失調，在矛盾對立中，人的素質也就會愈趨低下，從而把生命原態的安詳、睿智、明淨、適意、愉豫等美德消磨殆盡，換之以煩惱、苦悶、愚癡、失落、疾病等身心的逼迫，美好的生命氣象也從此失去。因此，健康變爲疾苦，長壽變爲殀折，睿智變爲愚昧，明淨變爲昏暗，安詳變爲煩惱，把一個大好人生攪得痛苦不堪，使享受的人生轉爲煎熬的歲月。從個人到社會，影響所及使整個人類陷身頹廢、矛盾、污濁的業海。

「六妙門」以心身同步展開調攝、轉化的功能，使人從低級到高級，從外表到內心，從有執到無爲，從而變煩惱爲清淨，使整個生命重新刷洗一番，恢復它的本來面目——生命的自在光明。

修習「六妙門」養生功法，首先要確立對生命與社會的摯愛，真誠的追求而不應嫉惡社會、消極厭世。這樣方能與養生之道相協調，纔可以收到養生的效果。

第二節　數息門的養生功法

數息門養生功法分為三個步驟，先是依數息基本法攝心歸一，初步進入數息態，其次是在數息態中，起各種轉移身心的觀想，使超越原來的小我執著；最後是在不斷地超越中，以無心無為的任運心消泯數、息、觀以及身心的各種感覺，使之進入坐忘的無我禪態，身心由此而獲得大休息、大調整。具體功法如下：

一、基本法：依第一章〈六妙門修法〉中所述的數息法，進行從一至十的修習，並時時注意使身、息、心處於最佳的安適禪態。

二、轉移法：基本的修習是不離自我的小圈子，就如人生活在小天地一樣，心境不開闊，生命活力得不到舒展，因此，須修習轉移法以進一步的擴展生命圈，其法如下：

㈠、進入數息態後，觀澄清無際的大海，其中有一朵莊嚴妙麗的大蓮花，逐漸開放，發出光彩。

㈡、觀想自身高大莊嚴，端坐蓮花之上，輕安怡悅，舒暢無比。

㈢、觀想無邊的虛空中，有無數的五彩祥雲，從一至十，從十至百，從百至千，數一朵就少一朵，到數盡時，便唯餘一片虛明的藍天，淨空如洗，內心異常輕鬆。

三、忘我法：在轉移法中，依次修習，到後來每次都使入虛空無爲禪態。在每次禪態中應不再思惟觀察，應直心不動，使虛空之景常在不失，久久之後，便進入忘我的禪態，此時不但沒有自我存在的感覺，而且連虛空子也一併消失，惟有一片淨明的覺受在心中連續執持。

修習到了第三步，便已完成了數息門的養生功法，應一直保持此一禪態，這對身心的健康與平衡極其有益。

第三節　隨息門的養生功法

隨息門的養生功法重在補養，是把大自然的「氣」攝入體內，以補充後天的不足；修習此法，可以打通脈輪。因爲天臺功法旨在不著相，所以不必描述生理上的變化，及其各種功能。祇是在修習時，忘掉一切，默契妙趣，使生命的活力更加充實，具體方法如下：

在空氣新鮮的水邊、林下，陽光或月光能照到身體的地方，結跏趺安然而坐，使身心寬鬆、適意。調節完畢後，依以下次第而修習。

一、進入隨息禪態，穩持不動。

二、觀想天地靈氣從頭頂隨入息而緩緩進入身體，循中脈降至肚臍，稍停，然後息心放下，使自然排出。

三、觀想靈氣逐漸明顯而帶有光明，進入息後氣感從肚臍逐漸降到一寸、二寸、三寸，直至到會陰爲止。而且每次停頓的時間逐漸延長，並把身體虛化，完全進入光明與靈氣相融的觀境中。

四、安住於光明靈氣中，不再隨息，久久自我感覺消失，心與宇宙光明打成一片。此時又即獲得無量的生命能量，產生不可想像的生命奇觀。

隨息門的四個步驟修習方法，從補養生命開始，最後進入宇宙生命，是一個大幅度的超越法。修此法時，要注意節制過份的身心勞累，保證充足的物質能量。

第四節　止門的養生功法

止門的養生功法屬於大休息止念的養護身心的範圍。因人的思想總是比較被動地受外界的影響，或因內心的各種無明衝動而起伏，從而整日繼夜消耗生命的能量，使有限的生命氣機很快萎頓，失去光彩。止門就是基於這一點而進行一系列的休心養性的方法。其修行之法如下：

一、對不應該進行的舉動，無謂的心念應立即制止、放捨，而不隨之而動。

二、對於不良的思惟、生活等習慣，應在認識的前提下，停止其連續，以致斷除。

三、對於過去、未來的諸事應止其憶想分別，使心念常處在目前，即使處在目前，心念也是念念不停留，即不隨境聯想下去。

四、對於令人高興、痛苦、煩惱等等刺激之事，都應心平氣靜地對待，止其過度的心理變化。

五、做任何事時，應使心念專注其中，不令其漂移妄動。

六、心情不安穩時，應用止法使心返歸寧靜適意之中。

七、每日應進行數次打坐凝心入定，使心念得到大休息。

通過以上七條的止法的修習，在動與靜的兩方面都能使心念安然不動，內景常處空明之中。這是修心養性的絕妙之法，不但能治療疾病，且能令人進入微妙的身心一體的禪態。進入止門的人，生活就如一潭湛然明淨的水一樣，特別寧靜與舒暢。

第五節　觀門的養生功法

每一個人都有一些癥結，有的來自社會因素，有的是內在的妄執。無論是那一種因素，它們都將使身心的活潑氣機受到阻礙，甚至窒息而死。觀門的養生之法，就是旨在解開個體生命中的一切癥結，從而使生命得到昇華、氣質得到改變，於是心靈就能綻放出燦爛的光華。

觀門與止門一樣，不一定在坐中修習，而是生活中的一切時候，都是可以修習的。觀門分為以下幾種：

一、超越身體的觀察：觀察身的各種部分，分析其組成，如佛講地、水、火、風的四大和合成身，現代醫學講人體的各種微物質的構成等，從而明白身體是由假和合而成，沒有永恆不變的一個「我身」，這樣觀察後，就可以打破對身體的過分執著，在不同功行、不同時期的生理變化時，也就不會產生各種不利養生的心理，保證了生理的自然規律。

二、超越心理的觀察：人的心念是客觀環境的反映，所以各種各樣的思想，隨著不同的環境而有差異，這念念生滅的心，沒有一個永恆不變的實體——主宰的我體。因此，佛經中說：「過去心不可得，未來心不可得。」由於心的功能的變化性，我們纔可以改造自我、超越自我，完善心靈的素質。這樣在功行中，或生活裏，對心念所反映的一切境界，就不會以爲真實而產生妄執，使心理出現反常而入偏差。

三、超越社會的觀察：社會是由個體的身心爲主而形成的，社會的各種現象，就是佛所講的共業性，它同樣是因緣和合而產生，是隨著共業規律而變化的，而我們對社會的認同或反感，就是個體的別業的領受不同，也就是說社會的存在也是無數個個體自我中的社會，因此，祇要把自我超越之後，融入了整個社會，乃至宇宙，方圓成一個完善的真實的自我，從此也就不會被社會現象所迷而動亂心緒，更不至於怨天尤人了。

四、超越具體的人生實踐的觀察：一個人的事業、工作、家庭以及愛好等，都需要精神去應付、去實踐。如果在一切人生實踐中既能超越事務，不住著在裏面而生矛盾煩惱，又能很好地處理事務，善巧按排。這樣的人生就輕鬆愉快、充滿樂趣了。

以上四點觀門養生法，是養生中最要緊的部分，如果一個養生家達不到超越自我，也就不可能完善人格、圓滿心智、趨向真實而高尚的人生了！

第六節　還門的養生功法

養生到了較高層次時，就要論及人生信念的歸宿問題。哲學家有哲學家的所歸，宗教徒也有宗教徒的所歸，而現代的氣功界及養生家卻很少言及人生所歸的問題，而失去了養生爲人的真實含義。

還門的養生方法，就是尋求人生信念，確立人生的歸宿。而這一養生之道妙，不在於概念上的領受，完全要從自身的體悟中得到最真實的現量，因此，信念的確立，不是由別人來決定，一定要自己來深化自身，然後獲得超越體入，其修習方法如下：

一、先在佛典、老莊等接近人生本質的理論上，建立一套指導自己觀察的方法。

二、在觀察過程中，不斷地融會貫通，以外向內，逐漸脫出一切理論的束縛。

三、以自身的智慧力，直接照於事物與心體，從打破心物與建立心物等各方面來尋求人生最佳的信念。

四、由於觀察的不斷深化，從而改變了人類本身的器官的局限性與思惟的片面性，打破了無明妄執後，就呈現了人生宇宙最真實的面目，獲證了真實的信念，確立了人生的歸宿。

五、一旦有了真實的信念，確信自己所歸的真實無謬，心靈就會非常地安寧，內心世界就變得莊嚴而廣闊。就能夠把身心乃至事業、修養等一切活動放進了這一信念中去。

這樣他的一舉一動就含有無盡的力量，生命因此而放光，就呈現了「日日是好日」的自在灑脫的活潑人生。因爲獲得信念的人，從真實的地方來，又到真實的地方去的緣故。

還門的養生之道是人類最需要的，沒有這一信念的確立，縱使工夫最高，也無法得到真實的受用，生命也不能變得更美好。此門養生是要理智的，認真的對待自身與社會，思考人生的因果現象與萬物本體及人生歸宿等問題，方有可能契入這一真實的信念之道。

第七節　淨門的養生功法

淨門的養生之法，就是通過已經確立的信念去淨化身心行爲，使自己成爲一個品德優良人格完美的人。

淨的修養是自覺的，並不在於甚麼理論的指導。因爲體悟了真實的現量的人，就能使自身與外界絕對的統一與協調，常處於一元的禪態之中，因爲世界存在的一切就是他自己，所以既不憎惡世間一切可惡之事，也不欣樂世間的一切美好之物，但又能積極地參與爲人類社會服務的偉大潮流，決不爲個人自身的利益考慮，完全寄身於一體不二的世界之中，與天地同樂，也與天地同悲，徹底地超越自我。從而清除了心靈中一切邪惡自私的顛倒妄執，淨化了無明，開顯了人類本身所具有的崇高品德。

一個人淨化到了這一層，就到了養生上的上乘境界。他雖然不練甚麼功，而一舉一動卻包含了無量的功行，啓示了無邊的妙用，因爲「無爲無不爲」的真俗不二的淨體性德，使他永遠生活在美妙的本地風光之中！

第八節　結論

以上六門養生方面，是從淺至深的人生修養之道。它不同於一般氣功注重身體的變化，而是專重在身心相融的修養上。在修養過程中每個人都能證到氣功所不能達到特殊效果，而此效果不斷深化，一直延續在一生的歷程中。因此，它可以給人以無限的生命力量，使人生活得更爲美好，從個人的改善到社會，使整個人類也得到淨化，到處充滿真、善、美的莊嚴妙樂！

國家圖書館出版品預行編目資料

六妙門修證全書／宋智明著. -- 初版. -- 新北市：
華夏出版有限公司, 2022.08
面； 公分. -- （Sunny 文庫； 151）
ISBN 978-986-0799-11-8（平裝）
1.天臺宗 2.佛教修持

226.42 110009344

Sunny 文庫 151
六妙門修證全書

著 作 宋智明
印 刷 百通科技股份有限公司
電話：02-86926066 傳真：02-86926016
出 版 華夏出版有限公司
220 新北市板橋區縣民大道 3 段 93 巷 30 弄 25 號 1 樓
電話：02-32343788 傳真：02-22234544
E-mail： pftwsdom@ms7.hinet.net
總 經 銷 貿騰發賣股份有限公司
新北市 235 中和區立德街 136 號 6 樓
電話：02-82275988 傳真：02-82275989
網址：www.namode.com
版 次 2022 年 8 月初版一刷
特 價 新台幣 480 元 (缺頁或破損的書，請寄回更換)

ISBN-13：978-986-0799-11-8